EL PORNO NO MOLA

· y ahora entenderás por qué ·

EL PORNO NO MOLA

y ahora entenderás por qué.

ANNA SALVIA · CRISTINA TORRÓN

MENSTRUITA

Papel certificado por el Forest Stewardship Council®

MIXTO
Papel | Apoyando la silvicultura responsable
FSC® C117695
FSC
www.fsc.org

Penguin Random House Grupo Editorial

Primera edición: enero de 2024
Segunda reimpresión: junio de 2024

Printed in Spain – Impreso en España

ISBN: 978-84-19746-85-6
Depósito legal: B-17.857-2023

Compuesto en Comptex & Ass., S. L.
Impreso en Gráficas94 de Hermanos Molina, S. L.
Sant Quirze del Vallès (Barcelona)

GT 4 6 8 5 6

A todos los y las participantes de mis talleres y charlas que han compartido sus vivencias con el porno y me han animado a escribir este libro.

Anna

A todos los hombres que se atreven a plantar cara a la violencia sexual contra las mujeres. Y a todas las mujeres que ya no se callan.

Cris

AGRADECIMIENTOS:

Queremos agradecer todo el trabajo de nuestras editoras Alba y Cristina y de todo el equipo de Montena, así como el apoyo y las aportaciones de Pontus, Laila, Noak, Kimo, Roger y Nura. Y también queremos dar un inmenso «gracias» a la filósofa y doctora en estudios de género Mónica Alario, por su valiosa dedicación al estudio de la relación entre la pornografía y la violencia sexual.

¡HOLA!

Soy Ed Sex, un educador sexual del futuro.

La gente de mi era lamentamos profundamente cómo nuestros antepasados gestionaron la llegada del porno a internet. Para remediarlo, me han enviado a tu época, para que os ayude a entender qué es el porno y cómo os afectará su consumo.

En este libro te voy a explicar todo lo que necesitas saber sobre él, para que puedas tomar tus propias decisiones y vivir tu sexualidad con

confianza,
bienestar,
seguridad,
placer
y poder.

Usaré las palabras «niño», «chico» y «hombre» para referirme a los machos de la especie humana, independientemente de cuál sea su identidad, y «niña», «chica» y «mujer» para referirme a las hembras humanas.

VAS A APRENDER TODO ESTO

¿QUÉ ES EL PORNO?

5 RAZONES POR LAS QUE EL PORNO NO MOLA

1. El porno te enseña una manera irreal de hacer el amor
2. El porno normaliza la desigualdad y la violencia sexual contra las mujeres
3. El porno transforma tu deseo
4. El porno provoca problemas sexuales
5. El porno te roba una etapa sexual preciosa

Y AHORA ¿QUÉ PUEDES HACER?

Toma las riendas de tu sexualidad

Protege tus dispositivos

Habla con los tuyos sobre porno

Busca buenas fuentes de educación sexual

¿QUÉ ES EL PORNO?

QUÉ ES EL PORNO Y PARA QUÉ SIRVE

Seguro que no es la primera vez que escuchas esta palabra, pero, probablemente, nadie te haya hablado en profundidad sobre este tema.

La palabra «porno» es una manera rápida de decir «pornografía». Se refiere a cualquier representación en la que se muestren conductas sexuales explícitas con el fin de provocar excitación sexual. Pueden ser fotos y dibujos, pero en este libro hablaremos de vídeos, porque son el formato más utilizado hoy en día.

Junto con la prostitución, el porno forma parte de la industria de la explotación sexual, y hay grandes empresas que ganan muchísimo dinero con estos contenidos.

✗ EL OBJETIVO DEL PORNO NO ES MOSTRAR CÓMO HACEN EL AMOR LOS SERES HUMANOS EN LA VIDA REAL, ESO SERÍA UN DOCUMENTAL SOBRE LA CONDUCTA SEXUAL HUMANA.

✗ TAMPOCO ES EL DE DAR EDUCACIÓN SEXUAL PARA QUE LAS PERSONAS QUE LO VEAN SEAN MÁS FELICES Y CONSTRUYAN UN MUNDO MEJOR.

✓ EL OBJETIVO DEL PORNO ES PROVOCAR LA EXCITACIÓN SEXUAL EN QUIEN LO MIRA.

CÓMO TE HACE REACCIONAR EL PORNO

Cuando miras una peli de miedo se te activa la respuesta de estrés: se te acelera el corazón, aprietas los puños y la mandíbula, tienes sudores fríos, se agudizan todos tus sentidos y entras en estado de alerta. Son pelis que han sido creadas para provocar esa reacción automática, y es difícil que puedas evitarla.

Cuando miras porno, el cuerpo también responde de forma automática, pero, en vez de activarse la respuesta de estrés, se activa la respuesta sexual, es decir, te excitas: tu corazón y tu respiración se aceleran, tienes calor y sudas, notas sensaciones placenteras en los genitales y tu pene o clítoris se pone erecto.

CUANDO VES PORNO
TU CUERPO REACCIONA
AUTOMÁTICAMENTE
ACTIVANDO LA EXCITACIÓN SEXUAL.

CÓMO HA CAMBIADO EL ACCESO AL PORNO

Cuando internet todavía no estaba en todas las casas y en todos los bolsillos, ver porno era muy raro. Antes de los años setenta, casi nadie había visto un vídeo porno. A partir de entonces el porno empezó a extenderse, pero hasta el siglo XXI la mayoría de las personas adultas habían visto porno en muy pocas ocasiones o nunca. Y, por supuesto, la inmensa mayoría de niños y niñas vivía totalmente ajena a su existencia.

A finales del siglo pasado, cuando tus padres eran pequeños, los y las adolescentes empezaron a tener acceso a estos vídeos de forma muy esporádica. Era ilegal alquilar o vender películas porno a menores de edad, así que solo pasaba cuando alguien conseguía una cinta de vídeo de algún familiar y la miraba a escondidas. Esto solo ocurría algunas veces en toda la adolescencia, y parte de esa generación no vio nada de porno hasta la vida adulta.

Con la llegada de internet, el consumo de porno se ha disparado entre los y las adolescentes, porque el acceso es facilísimo y ha dejado de estar vetado a menores: basta con tener un dispositivo conectado a internet. Y lo que es aún más grave: como puede aparecer aunque no lo busques, hay niños y niñas pequeños que ya han visto porno.

EL PORNO ES PARA MAYORES DE 18 AÑOS

El porno siempre ha sido un contenido clasificado como no apto para menores de edad. Y lo sigue siendo. Lo que ha cambiado con internet es que hoy en día no hay un control estricto sobre el cumplimiento de esta norma. Para que esta norma se cumpla, toda la sociedad debe implicarse en proteger a los y las menores. Los gobiernos deberían obligar a las webs de porno a impedir el acceso a menores, y penalizarlas duramente si no lo cumplen, como se hace con otros productos, como el alcohol o el tabaco. Y las familias tendrían que instalar aplicaciones de control parental en los dispositivos de uso familiar para impedir que se muestre este contenido, así como hablar con sus peques y adolescentes sobre el tema.

Sin embargo, ni los gobiernos ni las empresas están por la labor, y las familias no saben qué hacer, porque es algo nuevo para ellas, un peligro del que no saben cómo protegeros o cuya existencia incluso desconocen.

Esta falta de protección ha provocado que muchas personas de tu generación hayáis tenido vuestro primer contacto con el porno en los inicios de la adolescencia o incluso en la infancia. Es algo que no debería haber ocurrido, y la responsabilidad es de las personas adultas, porque su deber es protegeros y daros una buena educación sexual.

EN EL FUTURO LAMENTAMOS QUE NO SUPIERAN PROTEGEROS MEJOR DEL PORNO.

¿QUERER SABER COSAS SOBRE SEXUALIDAD ES MALO?

La curiosidad por saber cómo funcionan el mundo, los animales y las personas forma parte de la naturaleza humana, y eso incluye el interés por la sexualidad. Desde bien pequeñas, las personas quieren y necesitan saber cómo son los genitales y para qué sirven, qué es el enamoramiento, el amor y el sexo, y cómo se hacen los bebés, entre muchas otras cuestiones.

Pero vivimos en una cultura en la que muchos peques y adolescentes no pueden hablar sobre este tema con sus familias y profes, así que acaban buscando información y resolviendo sus dudas en internet. Si el dispositivo no está protegido, es posible que la respuesta llegue en forma de porno.

Querer saber cosas sobre sexualidad es una necesidad humana que todo el mundo tiene y que no es mala, sino todo lo contrario: es un aprendizaje que mejora la vida de las personas de todas las edades.

El problema aparece cuando las respuestas a tus preguntas las da el porno, porque, tal y como veremos en los siguientes capítulos, el porno es un pésimo educador sexual.

La curiosidad
por la sexualidad
es buena
y natural.

RECUERDA QUE...

SI NO SABES POR QUÉ, PERO TE HA SALIDO PORNO...

SI HAS CLICADO EN UN ANUNCIO Y TE HA SALIDO PORNO...

SI HAS BUSCADO INFO SOBRE SEXO Y TE HA SALIDO PORNO...

SI ESTABAS BUSCANDO UN PARTIDO Y TE SALIÓ PORNO...

SI ESTABAS HACIENDO UN TRABAJO Y TE SALIÓ PORNO...

SI ALGUIEN TE HA MANDADO UN VÍDEO Y ERA PORNO...

SI HAS BUSCADO PORNO PORQUE TODOS TUS AMIGOS LO HACEN...

SI HAS BUSCADO PORNO PORQUE QUERÍAS SABER QUÉ ES...

NO

ES CULPA TUYA

HABER VISTO PORNO.

EL PORNO NO DEBERÍA ESTAR AL ALCANCE DE MENORES DE EDAD.

EN RESUMEN...

VÍDEOS QUE MUESTRAN CONDUCTAS SEXUALES CON EL OBJETIVO DE PROVOCAR EXCITACIÓN SEXUAL
ACTIVA LA RESPUESTA SEXUAL AUTOMÁTICAMENTE
OFF
ON
¿QUÉ ES EL PORNO?
DURANTE MILLONES DE AÑOS NO EXISTÍA
INTERNET
SE HA DISPARADO SU CONSUMO
APARECE AUNQUE NO LO BUSQUES

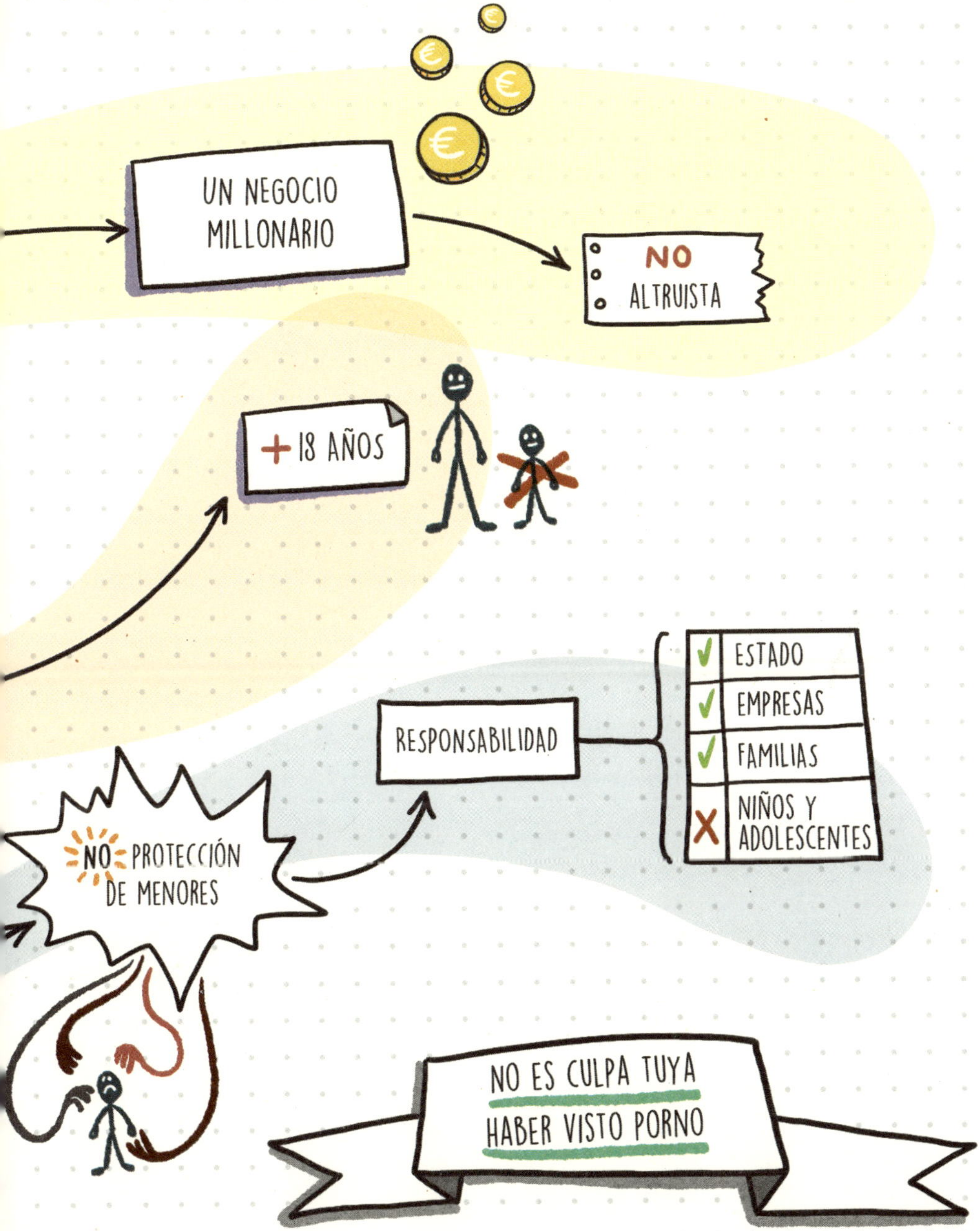

UN NEGOCIO MILLONARIO
NO ALTRUISTA
+18 AÑOS
NO PROTECCIÓN DE MENORES
RESPONSABILIDAD
ESTADO
EMPRESAS
FAMILIAS
NIÑOS Y ADOLESCENTES
NO ES CULPA TUYA HABER VISTO PORNO

5 RAZONES

POR LAS QUE EL PORNO NO MOLA

RAZÓN 1

EL PORNO TE ENSEÑA UNA MANERA IRREAL DE HACER EL AMOR.

Todos los y las adolescentes quieren saber cómo se hace el amor, por pura curiosidad, por saber qué es eso que levanta tantas pasiones y despierta tanto interés, pero también para prepararse para cuando llegue el momento de hacerlo.

En este capítulo te cuento por qué el porno es un pésimo educador sexual que no dará respuesta a tus preguntas.

¿Me acompañas?

¿HACER EL AMOR Y FOLLAR ES LO MISMO?

Antes de empezar este capítulo debo aclararte que hay muchas expresiones que tienen el mismo significado que «hacer el amor».

COPULAR

CHINGAR

Hacer sexo

DARSE UN REVOLCÓN

TENER RELACIONES SEXUALES

Liarse

echar un polvo

fornicar

Joder

FOLLAR

"HACERLO"

TENER TEMA

Todas ellas son sinónimas, pero se usan en contextos diferentes. Escogerás una expresión u otra en función de si estás hablando con unos amigos, haciendo un examen de biología o participando en un taller de educación sexual.

En el porno se suele usar la palabra «follar» y en este libro utilizaremos «hacer el amor», «hacer sexo» o «tener relaciones sexuales», pero es importante que sepas que nos estamos refiriendo exactamente a lo mismo.

¿FICCIÓN O REALIDAD?

Cuando ves una película sabes de sobra que esa historia es de mentira y que, para hacerla, han participado actores y actrices capaces de hacerte creer que son unas personas que en realidad no son, así como de mostrar emociones que no están sintiendo realmente.

También eres perfectamente consciente de que se utilizan todo tipo de trucos, efectos especiales y recursos de edición para contar la historia. Sabes que las diferentes escenas fueron grabadas durante meses y en otro orden; que la cámara solo te muestra lo que le interesa; nunca te enseña lo que estaba ocurriendo realmente en todo el plató ni lo que pasó después de apagar la cámara.

SABES DIFERENCIAR SIN NINGÚN PROBLEMA CÓMO SE CONDUCE EN LA VIDA REAL DE CÓMO LO HACEN EN LAS PELIS, PORQUE HAS VISTO CONDUCIR DESDE QUE ERAS UN BEBÉ.

EL PORNO ES FICCIÓN

El porno también es ficción. Es una historia, un relato, una invención Puede que cueste más de identificar que el porno es ficción porque muchos vídeos intentan que parezca real y que no se trata de un producto.

Piensa que las personas que salen en los vídeos están actuando. No están haciendo el amor con su pareja, sino que ejecutan esas conductas con el objetivo de activar la respuesta sexual del espectador.

Están haciendo teatro: simulan placer haciendo unas prácticas sexuales para excitar al público. Lo hacen incluso aunque estén sintiendo malestar, dolor o asco. Estas personas no estarían llevando a cabo esas conductas sexuales si no las estuvieran grabando y cobraran por ello.

Por otro lado, la persona que graba o dirige la escena decide qué incluye y qué deja fuera. Y lo mismo ocurre en el proceso de edición de los vídeos. En el porno también se usan todo tipo de trucos cinematográficos.

¿VERDAD QUE EN LA VIDA REAL
NO SE CONDUCE COMO
EN LAS PELIS DE ACCIÓN?
PUES EN LA VIDA REAL
TAMPOCO SE HACE EL AMOR
COMO EN EL PORNO.

EL PORNO TE ENSEÑA UNA MANERA IRREAL DE HACER EL AMOR

Cuando no has hecho nunca el amor ni has visto a nadie hacerlo, no sabes cómo se hace en la vida real. Si miras porno, darás por válida la información que te llega a través de él y confundirás realidad y ficción. Para que me entiendas: tu mente se tomará el porno más como un tutorial de educación sexual que como una peli.

El porno te enseña una manera irreal de hacer el amor y de cómo tienes que comportarte el día que tengas relaciones sexuales: cómo empieza y acaba una relación sexual, qué prácticas sexuales tienes que hacer y en qué orden, qué les gusta a los hombres y qué les gusta a las mujeres, cómo tienes que relacionarte con tus amantes y hasta dónde puedes llegar.

El problema es que toda esa información sobre sexualidad es pura ficción y no sirve para hacer el amor de verdad. Porque en la vida real el sexo se hace de otra manera.

No puedes ver porno sin aprender de él, pues es un proceso inconsciente, automático. Ni leyendo este libro y sabiendo que el porno es ficción tu mente es capaz de evitar el aprendizaje. No lo evitará ni siquiera habiendo recibido una educación sexual buenísima, porque una imagen vale más que mil palabras.

SI MIRAS PORNO APRENDERÁS QUE HACER EL AMOR ES HACER ESO.

¿EN QUÉ SE DIFERENCIA EL PORNO DEL SEXO REAL?

Acabamos de ver que el porno es ficción y que tu mente no puede diferenciarlo del sexo real porque no sabe cómo es. Así que toca explicarte qué diferencia hay entre lo que te cuenta el porno y lo que ocurre de verdad cuando dos personas hacen el amor.

Las personas hacen sexo porque se gustan

En la vida real, las personas tienen relaciones sexuales porque se gustan, porque sienten atracción sexual mutua. De esa atracción viene el deseo de hacerse uno, de fusionarse, de hacerse caricias sexuales para sentirse muy cerquita de la otra persona. Esa atracción es la que genera una sensación de imán tan especial que te lleva a besar, acariciar, abrazar, mirar, susurrar cosas bonitas al oído, cuidar y hacer que la otra persona se sienta a gusto.

Las personas que salen en el porno no están teniendo relaciones sexuales porque les apetezca intercambiar amor y placer con una persona por la que sienten atracción y deseo sexual, sino que están ejecutando unas conductas sexuales a cambio de dinero, como ocurre en la prostitución.

No existe el sexo sin afectividad

El porno explica las relaciones sexuales como si solo fueran un conjunto de conductas sexuales, sin más. Como si se pudieran aislar de los sentimientos y la afectividad. Como si fuera una coreografía o una rutina de fitnes en la que solo participa el cuerpo. Como si las personas que las practican no tuvieran una vida que se verá afectada por esas conductas.

No se esmera en describir cómo los amantes se desean, se aman, se quieren. No dedica minutos de vídeo a plasmar la tensión sexual que hay entre ellos ni sus sentimientos. No nos habla de su historia de amor, su manera de buscarse, de seducirse, de hacer saber a la otra persona lo que siente por ella. No nos muestra las conversaciones que acompañan esa relación sexual antes, durante y después del sexo.

EN LA VIDA REAL NO ES POSIBLE HACER SEXO SIN SENTIR NADA: **SIEMPRE SE MUEVEN EMOCIONES,** SE GENERA ALGÚN TIPO DE VÍNCULO Y TE AFECTA DE ALGUNA MANERA.

El sexo lo hacen personas, no cuerpos

El porno explica las relaciones sexuales como si quien las ejecutara fueran solo cuerpos sin alma, sin sentimientos, sin sueños; cuerpos vacíos, muñecos, robots. Ese relato no corresponde al sexo real, sino a las conductas que se ejercen en el contexto de la prostitución, en el que las mujeres son tratadas como si fueran solo cuerpos al servicio de los hombres.

El sexo no es solo penetración

En el porno, como en la prostitución, tener relaciones sexuales se reduce a realizar la penetración, es decir, a introducir el pene dentro de la otra persona. Sin embargo, en la vida real las caricias sexuales que gustan más a todo el mundo y que se hacen más a menudo no son la penetración, sino los besos, los abrazos, los roces, el contacto de cuerpo entero y expresar lo que sientes con palabras dulces. Y, sobre todo, en la vida real lo que importa no es lo que se hace sino la vivencia maravillosa de placer, éxtasis y amor que provoca tener sexo con la persona que te gusta.

La violencia sexual no es sexo

Las relaciones sexuales consisten en hacerse caricias entre dos personas que desean hacerlo y que gozan con ello. En cambio, muchas de las escenas que muestra el porno no son de sexo, sino de violencia sexual. Como este tema es largo y complicado, le dedicaré todo un capítulo un poquito más adelante.

LO QUE REALMENTE IMPORTA EN EL SEXO NO SALE EN EL PORNO.
ED-SEX

EL PORNO NO SIRVE PARA APRENDER A HACER EL AMOR

Imagínate que no hubieras visto nunca a nadie conducir y que aprendieras a hacerlo solo mirando pelis de acción. ¿Cómo funcionaría el tráfico? ¿Conducir sería agradable y seguro o más bien una pesadilla? ¿Cuánto tiempo seguirías vivo? Bueno, de hecho, seguramente no serías capaz ni de arrancar el coche...

Pues con el sexo suele ocurrir algo parecido. La falta de educación sexual en casa y en la escuela, sumada a la desprotección y al fácil acceso al porno, está provocando que la gran mayoría de personas esté aprendiendo a hacer el amor a través del porno. ¿Imaginas las consecuencias?

Pues sí, intentar hacer en la vida real lo que se ve en el porno da muy malos resultados, básicamente porque lo que nos enseña el porno es mentira y, en vez de dar placer y hacer que te sientas superbién, provocará el efecto contrario. Y, como ocurriría si condujéramos como en las pelis, puede hacernos pasar un mal rato, causar daños irreversibles en ti y en las otras personas y acabar en penas de prisión por cometer delitos.

NI LAS PELIS DE ACCIÓN
SIRVEN PARA APRENDER
A CONDUCIR,
NI EL PORNO
SIRVE PARA APRENDER
A HACER EL AMOR.

EL MENSAJE DEL PORNO ESTÁ EN TODAS PARTES

Tengo una mala noticia. El hecho de que la mayoría de la población occidental adulta haya tomado clases de educación sexual en la escuela del porno ha provocado un fenómeno social llamado

PORNIFICACIÓN DE LA CULTURA.

¿Qué quiere decir esto? Que la mayoría de las representaciones de sexo de tu cultura están basadas en el porno.

Eso implica que, desde que existe el porno, las escenas de sexo que relatan las novelas, las series, las pelis, las canciones y las redes sociales se parecen a lo que sale en el porno y no a la vida real. No solo se parece el relato, sino que el vestuario, la estética, las prácticas, las actitudes y las expresiones verbales que antes solo se veían en el porno ahora también están presentes en la moda, la música, el arte, las pelis o los videojuegos.

Eso tiene dos consecuencias:

La primera es que, aunque no hayas visto porno, su mensaje, su imaginario sexual, te está llegando de una manera menos explícita por otros canales.

La segunda es que cada vez es más difícil cuestionar lo que se ve en el porno porque forma parte de lo que llega una y otra vez por todos los canales.

EN RESUMEN...

HACER EL AMOR

- HACER SEXO
- FOLLAR
- TENER RELACIONES SEXUALES
- COPULAR
- JODER

EL PORNO TE ENSEÑA UNA MANERA IRREAL DE HACER EL AMOR

PORNO ≠ SEXO

¿EN QUÉ SE DIFERENCIAN?

- EL MOTIVO POR EL QUE LO HACEN
  - PORNO → DINERO
  - SEXO → SE GUSTAN
- NO EXISTE SEXO SIN AFECTIVIDAD
- EL SEXO LO HACEN PERSONAS, NO CUERPOS
- EL SEXO NO ES SOLO PENETRACIÓN
- VIOLENCIA SEXUAL ≠ SEXO

PORNO = FICCIÓN
TAN FALSO COMO CUALQUIER PELI
ACTORES Y ACTRICES ESTÁN ACTUANDO
NO LO HAS HECHO, NI HAS VISTO A NADIE HACIÉNDOLO
CONFUNDIRÁS REALIDAD Y FICCIÓN
CREERÁS QUE ES ASÍ COMO SE HACE EL AMOR
PORNIFICACIÓN DE LA CULTURA
LA MAYORÍA DE REPRESENTACIONES DE SEXO SE BASAN EN EL PORNO
DIFICULTA CUESTIONAR EL PORNO
YA TE HA LLEGADO SU IMAGINARIO SEXUAL
NI LAS PELIS DE ACCIÓN SIRVEN PARA APRENDER A CONDUCIR, NI EL PORNO SIRVE PARA APRENDER A HACER EL AMOR

RAZÓN 2

EL PORNO NORMALIZA LA DESIGUALDAD Y LA VIOLENCIA SEXUAL CONTRA LAS MUJERES.

Ahora ya sabes que el porno es teatro y que cuenta su propia versión de lo que es hacer el amor, una versión muy alejada de la vida real. En este capítulo veremos cómo el porno consigue que la desigualdad de género y la violencia sexual te parezcan algo normal y excitante.

Prepárate, porque vamos a hablar de temas que son desagradables y preocupantes, pero que debes conocer para poder tomar tus propias decisiones.

¡Vamos allá!

LOS ROLES DE GÉNERO Y LA DESIGUALDAD EN EL PORNO

Ya sabes que tu cultura te enseña a comportarte de una manera diferente según si eres un hombre o una mujer. Y, aunque hace mucho tiempo que tu sociedad está intentando librarse de esas exigencias de género, aún se siguen aprendiendo desde el nacimiento por imitación inconsciente de las personas que te rodean, y más tarde también a través de los cuentos, las canciones, las pelis, los libros, internet y las redes sociales.

Llamamos roles de género a todo lo que la cultura te asigna y te exige por el simple hecho de ser hombre o mujer.

Los roles de género dañan tanto a los hombres como a las mujeres, porque los encasillan y les impiden hacer lo que quieren y mostrarse como son, pero sobre todo son dañinos porque crean una relación de desigualdad entre ellos, en la que los hombres tienen más privilegios que las mujeres y pueden abusar de esa relación de poder.

En el porno, los roles de género son extremadamente marcados: los actores y actrices se comportan de una manera muy diferente según si tienen pene o vulva. Y esos roles los llevan a establecer un tipo de relación que no es equitativa ni recíproca, sino totalmente desigual y jerárquica: el hombre manda y consigue lo que desea y la mujer se lo da; por las buenas o por las malas, pero se lo acaba dando.

EL PORNO SIEMPRE CUENTA
LA MISMA HISTORIA:
LA DE HOMBRES QUE SATISFACEN
SU DESEO SEXUAL A TRAVÉS
DEL CUERPO DE MUJERES.

UN PENE CON PATAS DOMINANTE

A continuación, vamos a adentrarnos un poco más en esta relación de desigualdad y veremos cómo son y se comportan los hombres y las mujeres según el porno.

Los hombres que salen en el porno tienen un rol dominante, en el que hacen lo que quieren con las mujeres, sin tener en cuenta si ellas lo desean, como si les pertenecieran.

No quieren fusionarse sexualmente con sus amantes, sino masturbarse con ellas, como si fueran una muñeca, un objeto. No buscan conectar con la mujer, ni hacerla feliz, ni compartir algo con ella; la usan para su propio placer, un placer individual, sin conexión con la otra persona, vacío.

No empatizan con sus emociones, y son capaces incluso de tener relaciones sexuales con mujeres que muestran indiferencia, asco, miedo, dolor o rechazo. Consideran que una mujer es tan solo un cuerpo disponible para su uso sexual, y eliminan cualquier reconocimiento de ella como persona.

Los hombres del porno parecen no tener sentimientos. Es más, en este capítulo explicaremos que son capaces de agredir a sus parejas y excitarse haciéndolo. No solo buscan el placer físico del sexo, sino que encuentran placer sexual en dominar a las mujeres, en ejercer poder sobre ellas.

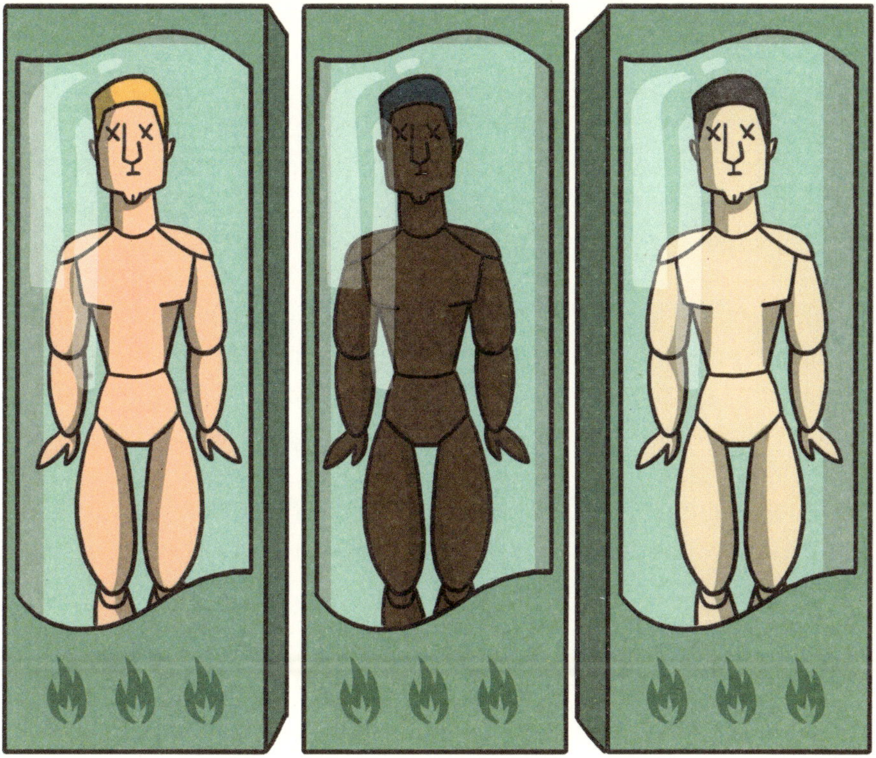

EL PORNO DESHUMANIZA A LOS HOMBRES Y LOS CONVIERTE EN UN PENE CON PATAS

INCAPAZ DE ESTABLECER RELACIONES HUMANAS EN LAS QUE ESCUCHA, RESPETA Y CUIDA A SU AMANTE.

UNA MUÑECA SUMISA E HIPERSEXUALIZADA

Las mujeres que salen en el porno tienen un rol pasivo; solo sirven para excitar y dar placer al hombre con su cuerpo, sin importar su propio placer ni sus sentimientos. Las mujeres deben dejarse hacer cualquier cosa, aunque les duela o no les apetezca, y si dicen que no quieren hacerlo no son respetadas.

Son personas totalmente cosificadas e hipersexualizadas: lo único que importa de ellas es su cuerpo, su aspecto físico, su belleza y su capacidad de brindar placer sexual al hombre. Solo son cuerpos penetrables que obedecen a las demandas sexuales del hombre.

El porno incluye un amplio catálogo de muñecas con las que tener sexo y las clasifica según la procedencia, el color de piel o de pelo, las características físicas y la edad.

EL PORNO DESHUMANIZA A LAS MUJERES
Y LAS CONVIERTE EN MUÑECAS HIPERSEXUALIZADAS,
CUERPOS PENETRABLES QUE SIRVEN ÚNICAMENTE
PARA DAR PLACER AL HOMBRE Y ACATAR
CUALQUIER COSA QUE ÉL DESEE HACER.

EL PORNO: UNA ESCUELA DE DESIGUALDAD

Sin que te des cuenta, el porno te enseña cómo deben comportarse los hombres y las mujeres cuando tienen relaciones sexuales. Y, a falta de referentes reales, porque nunca has visto a nadie haciendo el amor, cuando ves porno aprendes a comportarte de esa manera.

Aprendes a ser un pene con patas dominante o una muñeca hipersexualizada y sumisa, porque tu mente integra que así es como hay que comportarse cuando se hace el amor.

Estos roles de género tan marcados que se aprenden a través del porno también afectan a todos los demás ámbitos de tu vida y refuerzan los roles de género que siguen existiendo en tu cultura y que has aprendido desde que naciste.

Esta desigualdad, esta relación jerárquica y la percepción de las mujeres como objetos, como menos humanas que los hombres, es la base para que puedan darse situaciones de violencia contra las mujeres. Como veremos a continuación, son una constante en el porno.

¿QUÉ ES LA VIOLENCIA SEXUAL?

LA VIOLENCIA SEXUAL ES HACERLE CUALQUIER COSA SEXUAL A UNA PERSONA SIN QUE ELLA LO DESEE.

ASÍ DE SIMPLE.

Puede ser una práctica sexual, como dar un beso sin que la otra persona lo quiera, pero también tentativas, insinuaciones y comentarios.

La violencia sexual no tiene por qué ir acompañada de violencia física. Por otro lado, la persona que la sufre no siempre intenta defenderse o huir; a menudo se da una respuesta automática de bloqueo que le impide actuar.

En el mundo online se han normalizado muchas agresiones sexuales que nunca se tolerarían en persona. Es violencia sexual que te manden contenido sexual (fotos, vídeos o texto) sin que tú lo hayas pedido, o que te hagan comentarios e insinuaciones sexuales sin que tengas una relación erótica con esa persona.

Si has sufrido violencia sexual o conoces a alguien que la haya sufrido, debes explicárselo a una persona adulta de tu confianza para que pueda ayudarte o ayudarle.

LAS TRES NORMAS DE LAS RELACIONES SEXUALES

Hay tres normas que separan lo que es hacer el amor de la violencia sexual. Si se incumple alguna de las siguientes tres normas, ya no se está teniendo relaciones sexuales, sino que se está ejerciendo o sufriendo violencia sexual y, por lo tanto, se está cometiendo un delito:

1. **Las personas adultas no pueden realizar ninguna conducta sexual ni con adolescentes ni con niños o niñas.**

No pueden realizarla ni aunque la persona menor de edad quiera hacerlo. La responsabilidad siempre es de la persona mayor, nunca de la menor. Los y las adolescentes tampoco pueden hacer nada sexual con niños y niñas.

2. **Las dos personas deben desearse sexualmente.**

Las dos personas deben gustarse y sentir deseo sexual la una por la otra. La respuesta sexual de ambas tiene que estar activada.

3. **Las dos personas deben querer hacerlo.**

Las dos personas tienen que querer hacer el amor y comunicárselo a la otra. A esto lo llamamos dar el consentimiento.

No hay consentimiento si:

- ✗ SE DICE DIRECTAMENTE QUE NO SE QUIERE TENER RELACIONES SEXUALES.
- ✗ NO SE DICE NI «SÍ» NI «NO».
- ✗ SE DICE QUE «SÍ» BAJO COACCIÓN, ES DECIR, AMENAZAS, CHANTAJE, ABUSO DE PODER, A CAMBIO DE DINERO, ETC.
- ✗ UNA PERSONA NO ESTÁ EN CONDICIONES DE TOMAR DECISIONES NI DE EXPRESAR SU CONSENTIMIENTO (PORQUE ESTÁ DORMIDA, INCONSCIENTE O MUY BORRACHA, DROGADA O ENFERMA).

Aunque se haya iniciado una relación sexual, en cualquier momento se puede decir que no se quiere continuar, y la otra persona debe aceptarlo sin presionar para seguir.

LA VIOLENCIA SEXUAL CONTRA LAS MUJERES EN EL PORNO

Un gran número de vídeos porno incluye escenas en las que no se cumple una o varias de las tres normas. Esa violencia sexual la practican los hombres contra las mujeres.

Hay muchos vídeos en los que el hombre ejerce conductas sexuales sobre la mujer sin que ella lo desee ni le dé su consentimiento. Por ejemplo, vídeos en los que la mujer expresa que no quiere tener relaciones sexuales y el hombre las lleva a cabo igualmente, o en los que la mujer está muy borracha o dormida. En muchos otros, hombres adultos llevan a cabo prácticas sexuales con niñas y adolescentes.

Pero la violencia sexual que sale en el porno va más allá del incumplimiento de una de las tres normas. Aun cuando se cumplen las tres normas, si analizamos las prácticas sexuales que hacen, veremos que la manera de llevarlas a cabo es de lo más violenta.

La forma en que los hombres se relacionan con las mujeres es muy agresiva e irrespetuosa, y las conductas que ejercen sobre ellas provocan más dolor que placer, aunque en el vídeo parezca todo lo contrario, porque ellas actúan como si les gustara. En el porno, muy a menudo las mujeres son insultadas, denigradas, maltratadas y golpeadas por los hombres.

¿QUÉ ES SEXO Y QUÉ ES VIOLENCIA?

El porno genera una gran confusión entre qué es sexo y qué es violencia sexual. Lo hace de tres maneras:

1 Invisibiliza la violencia sexual

La mayoría de vídeos que incluyen violencia sexual no avisan de este contenido en el título ni están clasificados de manera especial. Sus títulos no hablan de «violar» o «abusar sexualmente de una menor», sino de «follar». No están clasificados en categorías diferenciadas del resto ni están escondidos en apartados especiales ni en webs especializadas en violencia sexual.

Así que el porno normalmente no te indicará que ese contenido es violencia sexual, sino que lo tratará como sexo, tanto en los títulos como en las categorías.

Para el porno, la violencia sexual es una práctica más, una manera más de hacer el amor que aparece en cualquier vídeo. Pero, como acabamos de explicar, son escenas en las que se muestran delitos graves que, si se llevan a cabo en la vida real, suponen penas de cárcel y un gran sufrimiento por parte de las víctimas.

2 Muestra la violencia sexual como algo placentero

Otro elemento de confusión es el hecho de que los actores y actrices se comporten como si la violencia sexual fuera placentera. En el porno, cuando las mujeres sufren violencia sexual, no reaccionan como lo harían en la vida real. No se enfadan, ni se defienden, ni se asustan, ni gritan, ni intentan escapar, ni lloran, ni se quedan paralizadas, sino todo lo contrario: simulan placer y excitación.

Y así puedes acabar creyendo que a las mujeres les gusta la violencia sexual o que, aunque digan que no quieren tener sexo, en realidad sí quieren.

Y al revés: en la vida real (o al menos así era antes de que llegara el porno online) a la mayoría de los hombres no les excita en absoluto ejercer violencia sexual. En cambio, el porno nos muestra hombres a los que les encanta hacer esas cosas a sus amantes.

3 Muestra las prácticas con violencia sexual como las más excitantes

Y aún ocurre algo más: cuando el hombre pega, insulta, viola o penetra de una manera muy agresiva, los actores y actrices parecen estar cada vez más excitados, como si la violencia sexual aumentara su excitación sexual. De modo que tu mente aprende que la violencia sexual aumenta la excitación y el placer sexual y que el mejor sexo es el que incluye este tipo de prácticas.

ED-SEX

QUE NO TE CONFUNDAN:

VIOLAR

NO ES FOLLAR.

EL PORNO ES FICCIÓN, PERO LO HACEN PERSONAS DE CARNE Y HUESO

Es cierto que las personas que salen en los vídeos porno están actuando: puede que hagan prácticas sexuales que no les apetecen y que simulen placer cuando no lo están sintiendo. Sin embargo, lo que ocurre en esa escena se está llevando a cabo de verdad.

Toda esa violencia que vemos en el porno la ejercen y la sufren personas de carne y hueso, que notan el dolor físico y emocional que producen esas prácticas. Personas que tienen familia, hijos e hijas, pareja, amigos y amigas. Personas que ríen y lloran, que tienen sus sueños, sus miedos, su historia. Personas a las que los golpes les duelen tanto como a cualquier otra.

El objetivo de este libro no es hablar de lo que ocurre de verdad cuando se está rodando porno, porque es un tema para cuando seas mayor. Pero sí que es necesario aclarar que, aunque digamos que el porno es ficción porque relata una historia que no ocurriría así si no fuera un rodaje, todas las conductas sexuales y la violencia sexual que se ve en los vídeos son reales.

LAS PENETRACIONES, LOS GOLPES Y LAS VEJACIONES QUE SUFREN LAS MUJERES EN EL PORNO NO SON TRUCOS NI EFECTOS ESPECIALES, SE LO HAN HECHO

DE VERDAD.

VÍDEOS DE VIOLACIONES

Acabamos de ver que el porno en general no distingue entre violencia sexual y sexo, es decir, nos muestra escenas de violaciones pero nos las vende como si no lo fueran, como si solo se tratara de una práctica más que se puede hacer al tener relaciones sexuales.

Sin embargo, en algunos casos el porno sí que habla explícitamente de violencia sexual, y representa violaciones en las que los títulos nombran que se trata de eso, y las mujeres sí que se comportan como si fueran violadas de verdad: intentan escapar y defenderse, lloran y gritan, o se quedan paralizadas.

Existen muchos vídeos de este tipo y algunos tienen millones de visualizaciones. Eso significa que muchísima gente ha visto estos vídeos, se ha excitado sexualmente con ellos y se ha masturbado mirando cómo violan a una o varias mujeres, lo cual es realmente espeluznante y preocupante.

LA GENTE DEL FUTURO
ALUCINAMOS CUANDO NOS CUENTAN
QUE EN TU ÉPOCA ESOS VÍDEOS EXISTÍAN
Y QUE SE PERMITÍA QUE LOS HOMBRES
SE MASTURBARAN CON EL SUFRIMIENTO
DE LAS MUJERES.
ED-SEX

EL PORNO NORMALIZA LA VIOLENCIA SEXUAL

Supongo que te estarás preguntando cómo es posible que haya gente que se masturbe viendo violencia sexual contra las mujeres. La respuesta es que, a base de consumir porno, se ha ido acostumbrando e insensibilizando a ese tipo de contenidos.

La primera vez que una persona se encuentra con una escena de violencia sexual suele sorprenderse y quedarse en shock. Sin embargo, la violencia sexual aparece tantas veces en el porno que se acaba normalizando: deja de llamar la atención y de provocar rechazo.

Y así, poco a poco, pasa a verse como algo normal, como parte de las fantasías que tiene la gente, como un material apto para masturbarse, como una práctica sexual más. Deja de percibirse como violencia sexual y se diluye en un sinfín de posibilidades eróticas.

Tu mente acaba por normalizar la violencia sexual y creerse:

QUE LAS CONDUCTAS VIOLENTAS SON PLACENTERAS Y EXCITANTES.

QUE FORMAN PARTE DE LO QUE SE HACE CUANDO TIENES RELACIONES SEXUALES.

QUE SEXO Y VIOLENCIA SEXUAL SON LO MISMO.

QUE ES ACEPTABLE QUE HAYA GENTE QUE SE MASTURBE MIRANDO VIOLACIONES, ABUSOS SEXUALES A MENORES Y VIOLENCIA SEXUAL EN GENERAL.

EL PORNO ES UN PASO ATRÁS

La desigualdad y la violencia sexual contra las mujeres ya estaban normalizadas en tu cultura antes de la llegada del porno. Tus bisabuelas tenían la obligación de satisfacer los deseos sexuales de sus maridos, aunque no sintieran ningún placer en ello e incluso aunque sintieran asco y dolor físico y emocional. De hecho, no fue hasta finales del siglo XX que se empezó a considerar que la violación de un marido a su mujer era punible.

Durante el último medio siglo, varias generaciones han decidido que quieren aprender a relacionarse sexualmente desde la igualdad, el placer y el respeto mutuos. Ese trabajazo personal y social lo empezó la generación de tus abuelos, lo siguió la de tus padres y os queda mucho por caminar a las generaciones más jóvenes.

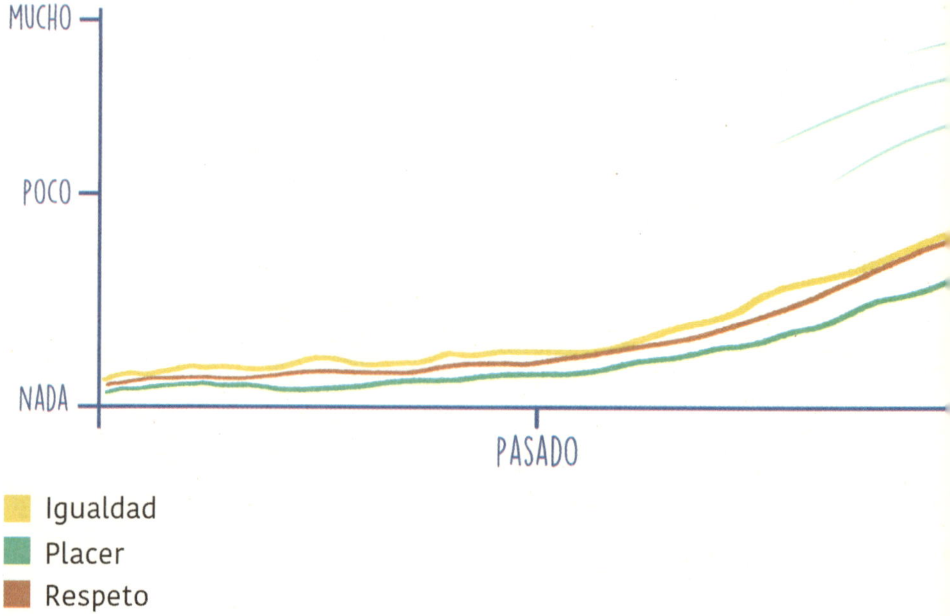

Digo «trabajazo» porque cambiar esa historia de violencia que os ha acompañado durante miles de años no es nada fácil. Pero se estaba logrando, poco a poco.

Y, cuando ya en el siglo XXI parecía que lo estabais consiguiendo, el porno va y se cuela en todas las pantallas y vuelve a normalizar la desigualdad y la violencia sexual contra las mujeres.

El porno no es quien se ha inventado la violencia sexual contra las mujeres. Tampoco se ha inventado que la violencia sexual en las relaciones sexuales sea algo normal, porque así fue durante siglos. Pero está logrando que tiréis por la borda cincuenta años de esfuerzo colectivo para que el sexo sea una experiencia bonita y placentera, basada en el respeto, la reciprocidad y el cuidado mutuo.

EN RESUMEN...

EL PORNO NORMALIZA LA DESIGUALDAD Y LA VIOLENCIA SEXUAL CONTRA LAS MUJERES
= HACERLE CUALQUIER COSA SEXUAL A UNA PERSONA SIN QUE ELLA LO DESEE
VIOLENCIA SEXUAL
≠ SEXO
3 NORMAS
DESEO
CONSENTIMIENTO
EDAD
PORNO
SE LA HACEN ♂ → ♀
EL PORNO NORMALIZA LA VIOLENCIA SEXUAL
CONFUSIÓN SEXO–VIOLENCIA
VÍDEOS DE VIOLACIONES
LA SUFREN PERSONAS DE CARNE Y HUESO

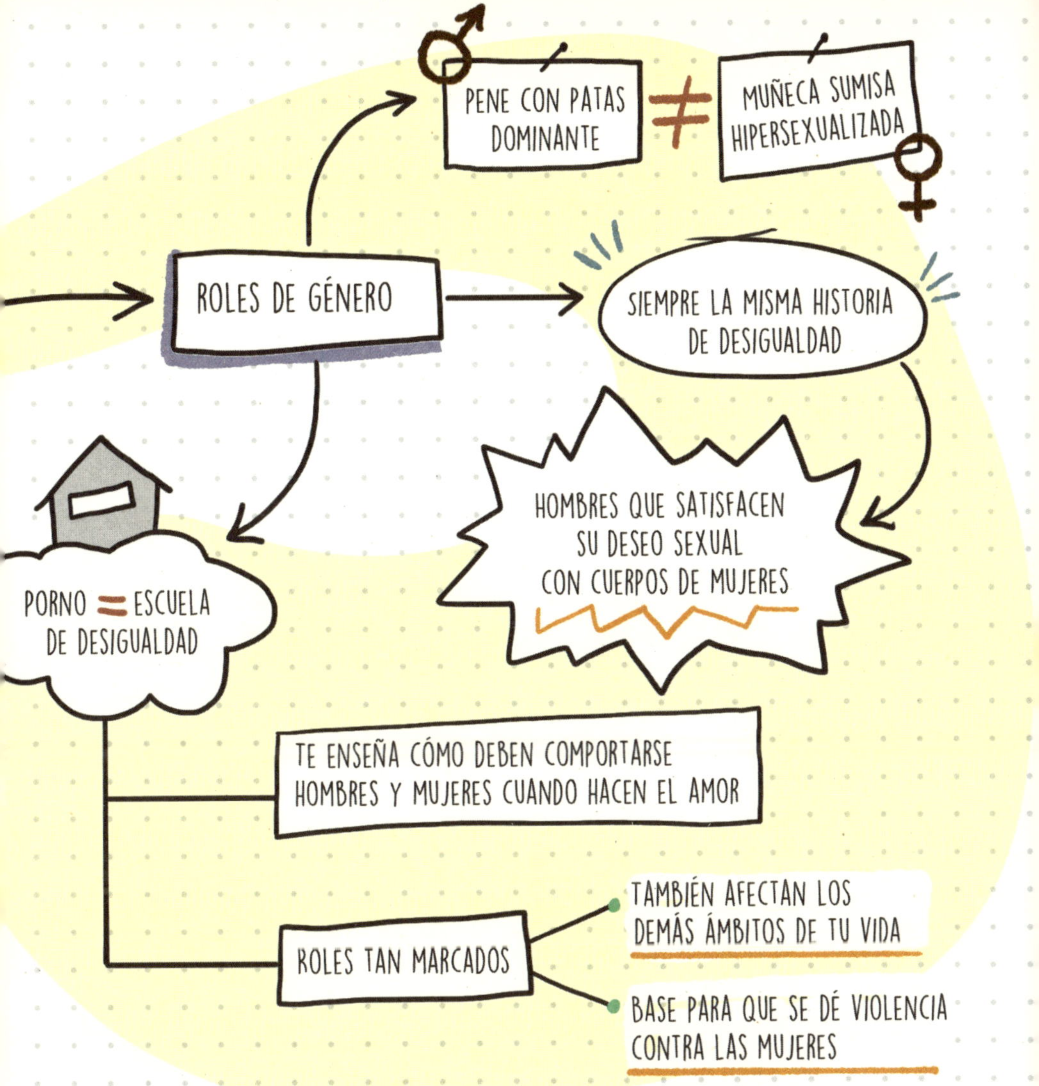

VIOLAR NO ES FOLLAR

RAZÓN 3

EL PORNO TRANSFORMA TU DESEO.

Hasta aquí has visto que el porno enseña cómo hay que hacer el amor: qué prácticas se tienen que hacer y cómo debes comportarte en función de si eres un hombre o una mujer. También has aprendido que la versión porno del sexo entraña una gran desigualdad y mucha violencia sexual contra las mujeres.

Pero el porno va más allá: también transforma tu deseo sexual e incluso consigue que te excite la desigualdad y la violencia sexual contra mujeres y niñas.

¡Te lo explico!

¿CÓMO SE CONSTRUYE EL DESEO SEXUAL?

Quiero que te imagines que la mente es una gran cajonera donde se van clasificando todos los aprendizajes. Uno de los cajones es el del deseo sexual. En este cajón, la mente va guardando todos los estímulos que alguna vez han provocado excitación sexual en ti: una mirada, un olor, una persona, un lugar, una idea, un beso... Todos esos recuerdos construyen lo que llamamos «deseo» o «imaginario sexual».

Sin embargo, en ese cajón no solo se guardan las experiencias vividas en primera persona, sino también todos los estímulos eróticos que llegan en forma de imágenes, vídeos, texto y audio, a través de libros, series, canciones, videoclips, pelis, redes sociales, anuncios, etcétera.

Con el material que vas guardando en el cajón del deseo sexual se crean las fantasías sexuales que acompañan a la masturbación. Por otro lado, también influye en el tipo de personas que te provocarán atracción sexual y en las prácticas sexuales que te gustará hacer.

EL PORNO Y EL DESEO SEXUAL

Ya te he explicado que el porno provoca de forma automática una gran excitación sexual en quien lo mira, porque ha sido diseñado con ese fin. Cuando miras porno, tu mente guarda esos contenidos en el cajón del deseo sexual, y pasan a formar parte de tu imaginario sexual.

La intensidad del porno es mucho mayor que la del resto de tus vivencias, así que ocupará gran parte del cajón y de tus fantasías sexuales. Cuanto más porno mires y más veces te masturbes pensando en esas escenas, más espacio ocupará y más poder tendrá sobre tu sexualidad.

PORNO
PORNO
PORNO

TU IMAGINARIO CAMBIA SIN QUE TE DES CUENTA

Si consumes porno en la adolescencia, su impacto en tu deseo sexual queda totalmente escondido, porque no habrás vivido una sexualidad sin porno. Habrá formado parte de tu imaginario sexual desde el principio, así que no podrás saber cómo sería tu sexualidad sin esa influencia.

Creerás que a ti siempre te han gustado el tipo de personas, genitales, prácticas sexuales, estética y roles de género que salen en el porno. No serás capaz de darte cuenta de que todo eso te gusta, precisamente, porque es lo que has aprendido a desear viendo porno. Pensarás que es algo genuino en ti y que forma parte de tu manera de ser, pero no lo es; como te acabo de explicar, viene de fuera.

EL DESEO ES UNA PARTE
TAN ÍNTIMA DE UNO MISMO
QUE ES DIFÍCIL IMAGINAR
QUE PUEDA SER MOLDEADO DESDE FUERA.

PERO ASÍ ES.

EL PORNO EROTIZA LA VIOLENCIA SEXUAL

Como el porno está cargado de desigualdad y violencia sexual, cuando lo miras tu mente también guarda esa violencia en el cajón del deseo y pasa a formar parte de tu imaginario sexual. A eso lo llamamos erotizar la violencia.

A partir de ese momento, cuando te masturbes es posible que tengas fantasías sexuales con esas escenas de violencia que has visto, que las vuelvas a buscar en el porno o que desees reproducirlas en la vida real. Cuantas más veces te excites pensando, viendo o haciendo prácticas de violencia sexual, más lleno de ellas estará tu cajón del deseo sexual y más te gustarán.

MIRAS UNA ESCENA DE VIOLENCIA SEXUAL
TU CUERPO SE EXCITA AUTOMÁTICAMENTE
TU MENTE GUARDA ESE CONTENIDO EN EL CAJÓN DEL DESEO SEXUAL
ESA ESCENA DE VIOLENCIA PASA A FORMAR PARTE DE TU IMAGINARIO SEXUAL
REPITES LA ESCENA EN LA IMAGINACIÓN, EN LA PANTALLA O EN LA VIDA REAL

CÓMO EROTIZAN LA VIOLENCIA HOMBRES Y MUJERES

Ya sabes que los roles de género del porno están muy marcados: las personas que salen en los vídeos actúan de una manera muy diferente en función de si son hombre o mujer. De la misma manera, la erotización de la violencia es muy diferente en función de si eres un chico o una chica.

¿Cómo erotizan la violencia los hombres?

Los chicos que ven porno aprenden a ver a las chicas como simples cuerpos con los que pueden hacer lo que quieran para satisfacer su propio deseo sexual, en vez de verlas como personas con las que relacionarse de igual a igual.

Pueden acabar teniendo fantasías eróticas en las que faltan al respeto, llevan a cabo conductas vejatorias y humillantes, golpean, violan y ejercen otros tipos de violencia sobre sus amantes.

¿Cómo erotizan la violencia las mujeres?

Las chicas que ven porno aprenden a verse como simples cuerpos a disposición del placer sexual de los chicos, y le dan más importancia a provocar la excitación en el otro que a satisfacer el deseo sexual propio.

Pueden acabar teniendo fantasías eróticas en las que son insultadas, humilladas, utilizadas, obligadas a hacer cosas que no les apetecen, penetradas con demasiada intensidad, golpeadas o violadas. Pero eso no significa que fuera de las fantasías quieran sufrir una violación ni que les hagan nada de todo eso.

EN RESUMEN...

EL PORNO TRANSFORMA TU DESEO
OFF
ON
PROVOCA EXCITACIÓN SEXUAL
SE GUARDA EN EL CAJÓN DEL DESEO SEXUAL
PORNO
PORNO
PASA A FORMAR PARTE DE TU IMAGINARIO SEXUAL
EROTIZA LA VIOLENCIA SEXUAL Y LA DESIGUALDAD
SI LO MIRAS DESDE ADOLESCENTE PENSARÁS QUE NO TIENE INFLUENCIA SOBRE TU DESEO PORQUE SIEMPRE HA SIDO ASÍ
DE FORMA DIFERENTE SEGÚN SI ERES HOMBRE O MUJER

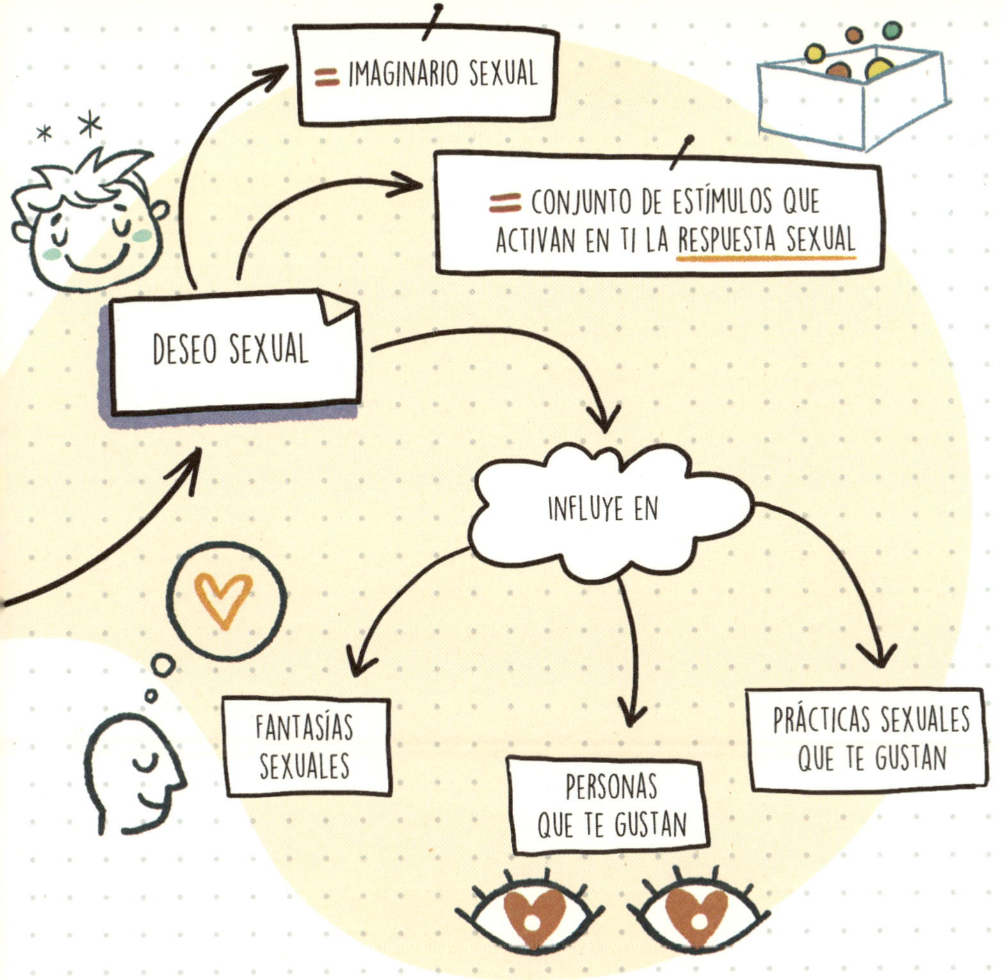

CUANTO MÁS PORNO MIRES, MÁS PODER TENDRÁ SOBRE TU SEXUALIDAD

RAZÓN 4

EL PORNO PROVOCA PROBLEMAS SEXUALES.

¡Uf! Han sido unos capítulos bastante duros... Te animo a que hables con tu familia y les expreses tus emociones y reflexiones. De este modo te podrán acompañar y te ayudarán a resolver las dudas que tengas.

En este último capítulo, volveremos a lo más cotidiano y tangible, y te explicaré los problemas que el porno ha generado en las generaciones anteriores, tanto en la adolescencia como en su vida adulta.

Muchas personas hubieran deseado que alguien les advirtiera y les explicara con detalle cómo les afectaría mirar porno. Por eso estoy aquí, para que no te pase lo mismo que a ellas.

¡Vamos allá!

PROBLEMAS EN LA AUTOIMAGEN

Los vídeos porno son uno de los pocos espacios en los que podemos observar a gente desnuda, con sus penes, testículos, culos, vulvas y pechos. Así que para muchas personas el porno es su única fuente de información sobre qué aspecto tiene el cuerpo humano.

Sin embargo, tanto los genitales como el resto del cuerpo que vemos en el porno son muy diferentes a los de la mayoría de la población. Se escogen actores y actrices con determinadas características físicas (las que estén de moda en ese momento). Y muchos de ellos, sobre todo ellas, se han sometido a operaciones de cirugía estética para hacerlos encajar en esos patrones estéticos.

La gran mayoría de la población tiene un cuerpo muy diferente al de los que salen en el porno, pero, al no tener otros referentes, muchas personas acaban creyendo que su cuerpo es incorrecto, deforme o poco atractivo. Hasta pueden llegar a pensar que sus genitales no sirven para hacer el amor porque están mal hechos, son feos, o demasiado grandes o pequeños.

Como ya hemos visto, el porno cosifica a los hombres y a las mujeres, y los convierte a ellos en un pene con patas y a ellas en una muñeca sexy. Es fácil que las personas que miran porno habitualmente acaben cosificándose a ellas mismas y a sus amantes, y, en consecuencia, den una importancia excesiva a la forma del cuerpo, en vez de poner el foco en el placer, la conexión y la calidad de la relación.

LO NORMAL ES QUE TUS GENITALES **NO** SE PAREZCAN A LOS DEL PORNO.

El pene de los actores porno es muchísimo más grande que el pene de la gran mayoría de los hombres. Y, por supuesto, mucho más grande que el de los adolescentes, que aún está creciendo. Pero que no te engañen: tener el pene grande no mejora tu vida ni tu sexualidad.

Por otro lado, los penes del porno siempre están erectos y con una erección muy robusta. En el sexo real, las erecciones van y vienen y pocas veces son tan robustas como las del porno.

Finalmente, las eyaculaciones que salen en el porno son muy exageradas. Además, en la vida real, la cantidad de semen varía según la persona, el día y la frecuencia con la que se haya eyaculado, entre otros factores.

Las actrices porno llevan todo el cuerpo depilado: vulva, ano, piernas, axilas, pechos y labio superior. También van muy maquilladas y peinadas, lo cual es irreal, porque cuando haces el amor enseguida te despeinas y se corre el maquillaje.

Sus vulvas tienen unos labios y un clítoris muy pequeños. Los pechos, el culo y los labios de la cara, en cambio, acostumbran a ser muy grandes. En general, los cuerpos son delgados, esbeltos y prietos, sin michelines, estrías, varices, celulitis ni arrugas. Suelen ser mujeres muy jóvenes.

PROBLEMAS EN LA RESPUESTA SEXUAL

La falta de educación sexual y el tabú sexual hacen que a la gente le cueste hablar sin tapujos sobre este tema o que lo haga solo en tono de broma. Eso provoca que muchos niños y niñas y adolescentes desconozcan cómo reacciona el cuerpo cuando se activa la respuesta sexual.

A falta de otros referentes, el porno se convierte en un modelo de cómo funciona la respuesta sexual humana. Sin embargo, este modelo es falso, porque esas personas están actuando y porque solo se incluyen los momentos de máxima excitación y orgasmo, y se descarta la fase del deseo y la excitación más suave.

Te pondré algunos ejemplos:

En la vida real, la fase de excitación aumenta progresivamente y puede fluctuar, y se van alternando momentos de mucha y poca excitación. En cambio, en el porno, la excitación es constante y se mantiene en un grado elevadísimo durante todo el vídeo, lo cual es totalmente irreal.

El porno no nos muestra nunca penes que no están erectos o con erecciones poco robustas, y los actores a veces usan medicamentos que provocan la erección de forma artificial.

En el porno, es habitual que las mujeres finjan la excitación y el orgasmo. De hecho, su principal órgano de placer, el clítoris, no tiene ningún protagonismo.

En el porno, la primera fase de la respuesta sexual humana, el deseo, no existe. No hay un periodo de seducción, de incremento del deseo, de acercamiento. Los amantes parecen pasar de cero a cien en un segundo o se presentan como si ya estuvieran muy excitados antes de tener contacto con la otra persona.

Según el porno, una relación sexual termina cuando el hombre eyacula, pues así es como acaban casi todos los vídeos. Pero en realidad termina cuando se rompe la fusión entre los amantes y vuelven a percibirse como dos seres separados, sin importar si ha habido orgasmo o no.

Tomar el porno como ejemplo para entender cómo es la respuesta sexual humana puede hacer que pienses que tu cuerpo no funciona bien, que no consigas disfrutar tú, que no puedas hacer disfrutar a tu pareja en las relaciones sexuales o que interpretes mal las pistas corporales sobre si a la otra persona le está gustando lo que le haces.

PROBLEMAS EN LA MASTURBACIÓN

Masturbarse significa hacerse caricias que te exciten y te den placer sexual. Se podría decir que es hacer el amor contigo mismo o misma, a la vez que es una manera de explorarse y conocer mejor cómo funciona tu sexualidad y tus órganos sexuales.

A continuación, te comento cómo el porno provoca problemas en la masturbación.

Fantasías aburridas

En la masturbación, las caricias suelen ir acompañadas de fantasías sexuales, es decir, historias que te excitan. Estas fantasías las crea tu mente de forma automática a partir de todo lo que has metido en el cajón del deseo sexual. Son fantasías hechas a medida que contienen sensaciones, imágenes, olores, sabores, sonidos, emociones.

Las personas que se masturban habitualmente mirando porno se acostumbran a excitarse con fantasías que vienen de fuera y dejan de hacerlo con su imaginación. Su mente se vuelve perezosa y prefiere que la pantalla haga el trabajo.

Las mejores fantasías siempre las creará tu mente porque te conoce perfectamente y tiene acceso a tu propio cajón. Pero también porque la mente juega con todos tus sentidos, sin limitarse a la vista y al oído. Si solo te masturbas mirando porno, te estarás perdiendo una experiencia única que solo ocurre cuando cierras los ojos y te dejas llevar.

Finalmente, el porno no habla de los sentimientos que aparecen cuando nos gusta alguien o cuando nos enamoramos. Como te he contado antes, muestra unas relaciones sexuales sin afectividad. Pero en la vida real la afectividad es una parte muy importante de la sexualidad y de la masturbación. En las fantasías eróticas, los sentimientos y las relaciones humanas son mucho más importantes que la forma de los cuerpos, aunque el porno quiera convenceros de lo contrario.

El porno sirve fantasías vacías de afectividad y cargadas de violencia, idénticas para todas las personas del planeta, de todas las edades y culturas. Sin duda, son totalmente monótonas y aburridas comparadas con las que crea tu propia mente.

Necesidad de contenido cada vez más fuerte

Como las fantasías del porno no tienen elementos de tu vida real, no incluyen tus sentimientos, solo utilizan tu sentido de la vista y el oído y siempre te cuentan la misma historia, llega un momento en que tu cuerpo deja de reaccionar y de excitarse.

Por esa razón, las personas que suelen ver porno necesitan un contenido cada vez más fuerte para poder llegar a la excitación y al orgasmo. «Más fuerte» en el mundo del porno significa que tenga más violencia y sea más retorcido. Es una de las razones por las que este tipo de vídeos tiene tantas visualizaciones.

Adicción al porno

Algunas personas se vuelven adictas a masturbarse mirando porno. Lo que diferencia a una persona adicta al porno de otra que consume porno pero que no ha desarrollado una adicción es que la primera ha perdido el control: se ha vuelto esclava de esa conducta a pesar de las cosas malas que trae a su día a día.

El consumo de porno se convierte en lo más importante, y deja de lado sus responsabilidades, las actividades que le gustaba hacer o las relaciones familiares, de amistad o de pareja. Cualquier situación es una buena excusa para ver porno: para celebrar, para evadirse de sus problemas, para no aburrirse o para relajarse.

Es muy difícil superar una adicción solo, de modo que para salir de ella es muy importante pedir ayuda a tus seres queridos y a profesionales especializados. Si no estás seguro de si te puede estar ocurriendo, pide ayuda y sal de dudas.

PROBLEMAS EN LAS RELACIONES SEXUALES

Ya te he explicado que las personas que aprenden a hacer el amor a través del porno imitarán inconscientemente lo que hacen en esos vídeos y buscarán repetir las escenas y conductas que su mente ha aprendido que despiertan la respuesta sexual. Y ahora ya sabes de sobra que lo que muestra el porno no es sexo real, sino una actuación para provocar la excitación.

A continuación, te comento cómo el porno interfiere en las relaciones sexuales.

Imitar el porno no funciona

El principal problema es que imitar lo que sale en el porno no funciona en la vida real. Con esas conductas, ninguno de los dos amantes experimenta el placer que simula el porno, más bien lo que se suele sentir es indiferencia o dolor y una inmensa frustración.

No funciona porque los hombres no son penes con patas violentos y sin sentimientos, incapaces de establecer relaciones recíprocas e igualitarias.

No funciona porque las mujeres no son muñecas pasivas al servicio de los hombres ni les gusta que las traten mal.

No funciona porque las personas reales tienen sentimientos y los expresan: se enfadan, sufren, se alegran, ríen, bromean.

No funciona porque los penes y las vulvas no se comportan como en el porno y la mayoría de las mujeres no disfruta haciendo lo que muestran estos vídeos.

No funciona porque esas coreografías son muy cansadas y aburridas.

No funciona porque la afectividad es inseparable del sexo y porque cuando las personas reales tienen sexo establecen relaciones y vínculos.

No funciona porque las caricias que gustan a todo el mundo no salen en el porno: los besos, los abrazos, las miradas, el contacto de cuerpo entero, los sentimientos expresados a media voz... Ni tampoco salen los ingredientes que acompañan el buen sexo: las risas, la complicidad, el sentido del humor cuando pasan cosas inesperadas, el buen rollo, la felicidad.

SI HACES LO QUE SALE EN EL PORNO, TE PIERDES EL PLACER REAL.

Problemas con la realidad

Las personas que se masturban habitualmente con porno, después pueden tener dificultades para excitarse con personas de verdad, porque su mente está acostumbrada a cuerpos irreales, que no se parecen en nada a los de sus amantes, y a escenas muy intensas y extremas que no pueden llevar a cabo.

Algunas personas que tienen este problema acaban imaginando escenas porno mientras tienen relaciones sexuales de verdad, de modo que se desconectan de su pareja y de la realidad que están viviendo. Otras dejan de tener sexo con sus parejas o incluso pierden el interés por las personas de verdad.

Prácticas no seguras

En el porno, casi nunca se ve el uso del preservativo. Si se llevan a cabo las prácticas sexuales que salen en el porno sin preservativo, es muy fácil que se coja una infección de transmisión sexual y que se conciba un bebé.

Ausencia de comunicación

En el porno, los amantes prácticamente no se hablan, pero en la vida real es imposible tener relaciones sexuales sanas y placenteras sin hablar con la pareja sobre tus gustos, límites, necesidades y sentimientos, así como sin resolver los conflictos y los malentendidos que van apareciendo. En una relación sexual real, ni el hombre manda ni la mujer obedece, así que hay que hablar muchísimo: antes, durante y después.

Violencia sexual contra las mujeres

La normalización e invisibilización de la violencia sexual en el porno pueden hacer que no seas consciente de que estás ejerciendo o sufriendo violencia sexual.

EN RESUMEN...

EL PORNO PROVOCA PROBLEMAS SEXUALES
EN LA AUTOIMAGEN
PARA MUCHAS PERSONAS, EL PORNO = LA ÚNICA FUENTE DE INFO SOBRE EL ASPECTO DE LOS GENITALES, LOS PECHOS Y EL CULO.
PERO...
LO NORMAL ES QUE TUS GENITALES NO SE PAREZCAN A LOS DEL PORNO
EN LAS RELACIONES SEXUALES
PROBLEMAS CON LA REALIDAD
SIN COMUNICACIÓN
PRÁCTICAS NO SEGURAS
VIOLENCIA SEXUAL
IMITAR EL PORNO NO FUNCIONA
TE PIERDES EL PLACER REAL

EN LA RESPUESTA SEXUAL

APRENDER CÓMO ES LA RESPUESTA SEXUAL MIRANDO PORNO PUEDE HACER QUE

- PIENSES QUE TU CUERPO NO FUNCIONA BIEN
- NO CONSIGAS GOZAR NI HACER GOZAR A TU PAREJA
- INTERPRETES MAL LAS PISTAS SOBRE SI LE ESTÁ GUSTANDO

EN LA MASTURBACIÓN

- NECESIDAD DE CONTENIDO CADA VEZ MÁS FUERTE
- ADICCIÓN AL PORNO
- FANTASÍAS ABURRIDAS

LAS MEJORES FANTASÍAS SIEMPRE LAS CREARÁ TU MENTE

RAZÓN 5

EL PORNO TE ROBA UNA ETAPA SEXUAL PRECIOSA.

Quizá nadie te haya contado que la adolescencia es una etapa sexual muy especial, en la que poco a poco vas descubriendo la sexualidad de la etapa fértil. Todo es muy sutil e intenso a la vez, una primavera sexual hermosa que recordarás toda la vida.

Pues bien, el porno le ha robado esta etapa sexual a muchos chicos y chicas, y a continuación te explicaré por qué.

¡En marcha!

EL DESPERTAR SEXUAL Y EL PORNO

Los seres humanos tienen sexualidad durante toda la vida, pero va cambiando según cada etapa vital. La adolescencia es una etapa preciosa, en la que se da el despertar sexual. Las hormonas de la pubertad te traerán el deseo sexual, la excitación, el flirteo, la risa tonta, la atracción sexual, el enamoramiento.

Todo es tan nuevo que una simple mirada, un olor, un roce, una palabra, puede despertar un universo erótico en ti. No necesitas más porque eres muy sensible, y con muy poco te basta.

Con el paso de los años, quizá esas miradas se conviertan en besos, esos roces en caricias, esa palabra en frases susurradas con deseo y cariño. Cada vez irás un poco más lejos, sin ninguna prisa, porque todas esas sensaciones tan intensas serán maravillosas y suficientes para ti. Y así irás descubriendo el sexo poco a poco, y con cada experiencia irás aprendiendo y ganando seguridad.

En cambio, cuando miras porno descubres el sexo de golpe, sin la seguridad y la confianza que aporta el ir poco a poco. Lo haces, además, a través de unas conductas sexuales que no tienen nada que ver con las vivencias propias de tu etapa sexual. En el porno no salen las conductas sexuales propias de la pubertad: el flirteo, el contacto casual, el decirle a otra persona que te gusta, los besos, los morreos, los abrazos, el contacto corporal con ropa, y, poco a poco, cada vez con menos ropa.

Las escenas que salen en el porno son tan intensas, irreales y alejadas de tus vivencias de adolescente, que, si miras porno, cuando empieces a tener tus primeras experiencias con la persona que te gusta, quizá tu cuerpo no responda con la emoción y la excitación que deberían provocar. Eso es porque está acostumbrado a una intensidad muchísimo más alta y cualquier cosa más sutil le deja indiferente, y porque está acostumbrado a unas conductas sexuales que nada tienen que ver con lo que se hace en la pubertad ni en la vida real.

EL PORNO DIFICULTA EL AUTOCONOCIMIENTO

El porno no solo puede insensibilizarte a las experiencias sexuales propias de la pubertad, sino que masturbarse con porno también dificulta la propia vivencia de la masturbación adolescente.

La adolescencia es una etapa vital en la que todo tu cuerpo y todo tu ser están en proceso de cambio: te estás transformando de niño o niña a hombre o mujer. Y la sexualidad es uno de los ámbitos en los que se da un cambio más grande. Así que una de las tareas más importantes de esta etapa sexual es conocerse.

Es muy habitual que los y las adolescentes se masturben como parte de ese proceso de descubrimiento sexual, tanto de los genitales como de la respuesta sexual y el deseo.

Sin embargo, cuando te masturbas viendo porno ya no estás poniendo la atención en ti, descubriendo los rincones de tu cuerpo, las sensaciones que provocan tus caricias y las fantasías y recuerdos que activan, sino que tu mente está poniendo toda su atención en el vídeo. De esta manera, la masturbación deja de cumplir con su función de autoconocimiento y autoexploración, tan necesaria a esta edad, y se limita a brindarte placer físico.

LAS FANTASÍAS ADOLESCENTES Y EL PORNO

Las fantasías eróticas de los y las adolescentes que no han visto porno son fantasías propias de su edad, basadas en las vivencias de su día a día, en las primeras experiencias eróticas y en los contenidos que han visto o leído.

A lo largo de la adolescencia, las fantasías van evolucionando poco a poco, y se hacen más complejas y con contenido más explícito, al ritmo que vas descubriendo tu sexualidad y compartiéndola con otras personas.

Cuando ves porno, en cambio, las fantasías dejan de ir a tu ritmo porque ya no se basan en tus experiencias ni corresponden a tu etapa vital, sino que se basan en prácticas sexuales que hacen las personas adultas. De ese modo, dejas de dar valor a las vivencias propias de la adolescencia, y crees erróneamente que la sexualidad de los adultos es mejor que la que se experimenta durante la adolescencia.

EN RESUMEN...

EL PORNO TE ROBA
UNA ETAPA SEXUAL PRECIOSA
= ADOLESCENCIA
EL DESPERTAR SEXUAL
DESEO SEXUAL
EXCITACIÓN
FLIRTEO
ENAMORAMIENTO
RISA TONTA
ATRACCIÓN SEXUAL
ERES MUY SENSIBLE Y CON POCO TE BASTA
DESCUBRES EL SEXO POCO A POCO
VAS APRENDIENDO
VAS GANANDO SEGURIDAD

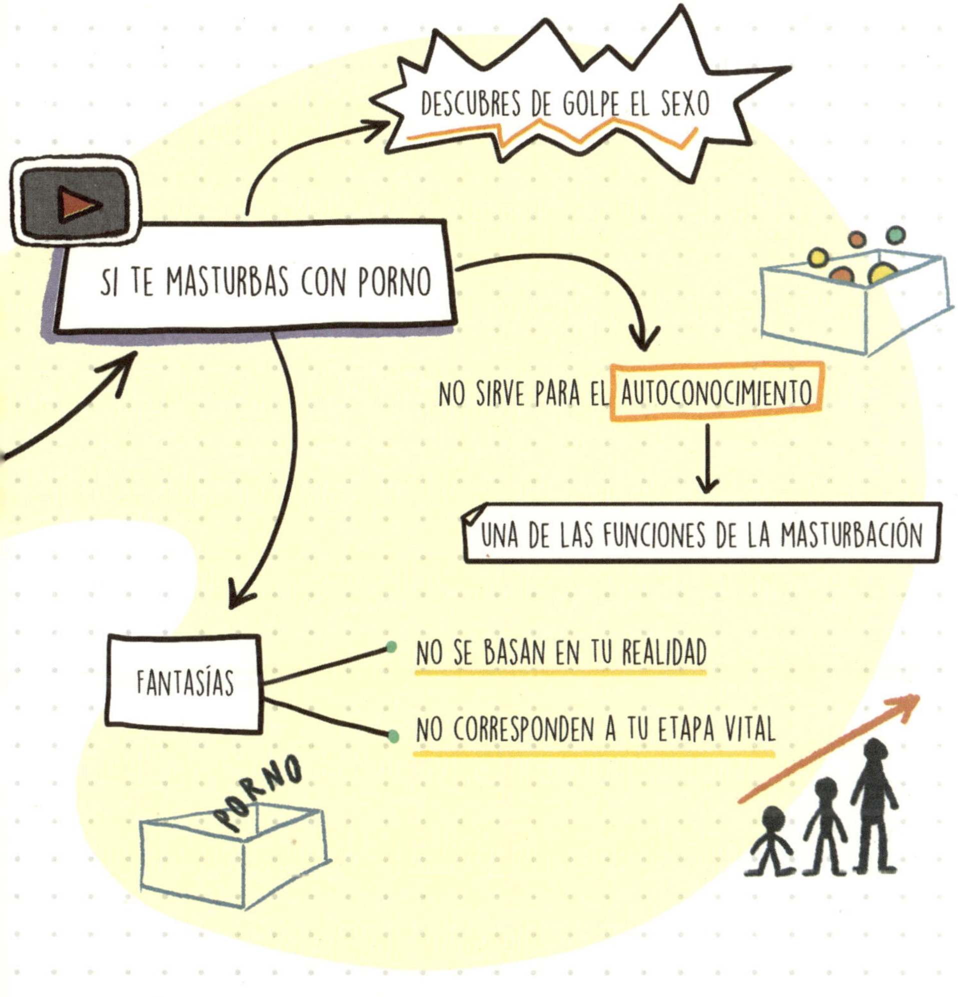

PODRÍAS PERDERTE UNA DE LAS ETAPAS SEXUALES MÁS BONITAS Y EXCITANTES DE TODA TU VIDA

Y AHORA ¿QUÉ PUEDES HACER?

TOMA LAS RIENDAS DE TU SEXUALIDAD.

Ahora ya sabes todo lo que te enseña el porno y los problemas que te ocasionará su consumo. En esta tercera parte del libro te contaré lo que puedes hacer para que el porno no se convierta en tu educador sexual y puedas disfrutar de una sexualidad sana, placentera y segura.

¡Empecemos por explicar cómo adueñarte de tu sexualidad!

LA DECISIÓN

Vamos a hacer un pequeño repaso de las cinco razones por las que el porno no mola:

1. Te enseña una manera irreal de hacer el amor.
2. Normaliza la desigualdad y la violencia sexual contra las mujeres.
3. Transforma tu deseo y erotiza la violencia y la desigualdad.
4. Provoca problemas sexuales en la autoimagen, la respuesta sexual, la masturbación y las relaciones sexuales.
5. Te roba una etapa sexual preciosa.

A sabiendas de todo lo que está en juego, ha llegado la hora de tomar una decisión muy importante para tu sexualidad. Puede que nunca hayas tenido que enfrentarte a una decisión de este calibre, pero en este momento histórico nadie puede tomarla por ti, ni siquiera tu familia. La única persona que realmente puede protegerte del porno eres tú.

Y ahora sí, ha llegado el gran momento. ¡Que redoblen los tambores! Prepárate, respira hondo y concéntrate, porque se acerca la gran decisión. Cierra los ojos un segundo, conecta contigo mismo y dime:

¿Quieres que el porno sea tu educador sexual o prefieres pasar de sus clases?

¡Tú decides!

Ya hemos visto que en tu sociedad lo difícil es no tomar clases en la escuela del porno, así que si decides convertirlo en tu educador sexual no tendrás que hacer nada, porque vendrá a buscarte. En cambio, si decides que no quieres educarte con él, deberás tomar algunas medidas. Te las explico en las siguientes páginas.

REPROGRAMA TU DESEO

Si ya has mirado porno te tocará trabajar un poco más, porque, aunque ahora ya sepas que el porno es ficción y que no te muestra sexo real, sino conductas sexuales cargadas de desigualdad y violencia, tu cajón del deseo sexual está lleno de contenidos porno.

En otras palabras, leyendo este libro has aprendido racionalmente un montón de cosas, pero no has vaciado tu cajón del deseo sexual. Reprogramar el deseo sexual no es una tarea fácil ni rápida, pero se puede hacer. De hecho, mucha gente ha recorrido ese camino antes que tú.

Para cambiar lo que hay en el cajón debes indicarle a tu mente que ya no quieres excitarte con ese contenido y que quieres que no te lo muestre en tus fantasías eróticas. Cuando estés fantaseando y aparezcan esas escenas que no quieres que formen parte de tu cajón, apártalas e intenta basar tus fantasías en elementos de tu realidad.

Fantasea con personas de tu día a día, que tienen cuerpos reales y visten ropa normal, personas que te gustan y que te han generado sentimientos, más allá de la atracción sexual: alegría, conexión, excitación, vergüenza, nervios, cariño, empatía, enamoramiento, etcétera. Imagina vivencias sexuales que hayas experimentado: miradas, roces, bailes, caricias, abrazos, besos, contacto corporal... Y, si quieres fantasear con cosas que aún no te han pasado, selecciona las que se puedan llevar a cabo en la vida real sin hacer daño a la otra persona.

Si tu mente no te hace caso y siguen apareciendo escenas de porno, ponte a hacer otra cosa que no sea sexual. Es normal que al principio te cueste apartar esas escenas. No te frustres ni te obsesiones, y sigue seleccionando qué quieres que forme parte de tu cajón y de tus fantasías.

HAY LÍNEAS ROJAS QUE
NO SE DEBEN CRUZAR,
NI SIQUIERA EN LAS FANTASÍAS.
EN EL SEXO NO TODO VALE, POR MUCHO QUE EL PORNO TE DIGA LO CONTRARIO.

EXPLORA MÁS ALLÁ DE LAS IMÁGENES

El porno y toda tu cultura están muy centrados en lo visual. Si ya has mirado porno, seguramente cuando te masturbas le das mucha importancia a las imágenes y te pierdes un montón de posibilidades sensoriales. Intenta bajar de la mente al cuerpo y centrarte en las caricias que te estás haciendo y en las sensaciones que aparecen. Verás que la experiencia es muy diferente y pasan cosas nuevas.

Por otro lado, focalizarte en lo que ocurre en tu cuerpo y no solo en la fantasía visual te ayudará a conocerte mejor, que ya sabes que es una de las funciones que tiene la masturbación.

Si al masturbarte siempre te centras en imágenes, cuando empieces a descubrir la sexualidad en pareja es probable que le des mucha importancia a lo que te entra por los ojos. Para tener una experiencia más sensorial, prueba a cerrar los ojos o hacerlo con poca luz o a oscuras. Esto te ayudará a dejarte llevar, conectar y fusionarte con la otra persona con todo tu cuerpo, tus sentidos y tu corazón.

ED-SEX

EN RESUMEN...

TOMA LAS RIENDAS DE TU SEXUALIDAD
EXPLORA MÁS ALLÁ DE LAS IMÁGENES
CIERRA LOS OJOS Y CÉNTRATE EN LAS SENSACIONES

PORNO
AHORA YA SABES QUÉ ES EL PORNO Y CÓMO TE AFECTARÁ
LA DECISIÓN
BUSCA TU PROPIO CAMINO
NO TE DEJES LLEVAR POR LO QUE HACE LA MAYORÍA
¿QUIERES QUE EL PORNO SEA TU EDUCADOR SEXUAL O PREFIERES PASAR DE SUS CLASES? ¡TÚ DECIDES!
REPROGRAMA TU DESEO
APARTA EL PORNO DE TUS FANTASÍAS
BÁSALAS EN ELEMENTOS DE TU REALIDAD
PERSONAS REALES
TUS VIVENCIAS SEXUALES
HAY LÍNEAS ROJAS QUE NO SE DEBEN CRUZAR NI SIQUIERA EN LAS FANTASÍAS

PROTEGE TUS DISPOSITIVOS.

Ya sabes que uno de los principales problemas que tienes con el porno es que no aparece solo cuando lo buscas, sino que te acaba encontrando aunque no quieras verlo.

En este capítulo te contaré qué puedes hacer para evitar que el porno aparezca cuando menos te lo esperas.

¡Te lo explico!

TIENES DERECHO A NO VER PORNO

En tu época histórica se ha instaurado la idea de que si quieres disfrutar de todas las cosas buenas que te brinda internet, debes pagar este peaje, debes aceptar que el porno esté presente en tu vida. Date cuenta de que se ha normalizado una situación que jamás se toleraría en la vida real.

Entonces...

¿POR QUÉ SE TOLERA QUE OCURRA EN EL MUNDO ONLINE?

¿POR QUÉ NO SE EXIGE QUE INTERNET SEA TAMBIÉN ESE LUGAR SEGURO DEL QUE DISFRUTAMOS EN EL MUNDO OFFLINE?

¿POR QUÉ LOS GOBIERNOS NO ESTÁN HACIENDO LEYES PARA QUE ASÍ SEA?

¿POR QUÉ LA SOCIEDAD NO PONE EL GRITO EN EL CIELO Y EXIGE QUE HAGAN BIEN SU TRABAJO?

A las generaciones del futuro nos cuesta mucho entender cómo tu sociedad permitió esta situación. Por eso estoy aquí, para transmitirte todo lo que se supo después y puso fin a este despropósito. Y para contarte que tienes derecho a tener una vida en la que no estés expuesto o expuesta al porno. Una vida en la que tengas la seguridad de que no aparecerá por sorpresa cuando estés navegando por internet o usando las redes sociales.

APPS DE CONTROL PARENTAL: UN ALIADO

Las aplicaciones de control parental sirven para que puedas usar dispositivos conectados a internet de forma segura. De la misma manera que tu familia no te dejaría pasear a solas por Nueva York, para que puedas usar Internet con total seguridad es necesario que el dispositivo esté bien protegido.

LAS APLICACIONES
DE CONTROL PARENTAL
SON TU ALIADO,
NO TU ENEMIGO.

Una de las funciones que tienen las aplicaciones de control parental es la de bloquear el acceso a contenidos porno. Pueden configurarse para que tengas acceso a información por escrito sobre sexualidad que no sea porno, puesto que, como ya te he dicho, querer saber cosas sobre sexualidad es natural y necesario; el problema es que esta información la dé el porno.

Estas aplicaciones no lo bloquean todo y, a veces, pueden desactualizarse o desconfigurarse y dejar de funcionar bien.
Si sospechas que el control parental ha dejado de funcionar o te encuentras directamente con porno, avisa rápidamente a tu familia para que lo arregle.

Pide a tu familia que instale un buen control parental en los diferentes dispositivos que utilizas en tu casa y en la de tus familiares.

REDES SOCIALES Y MENSAJERÍA

Otra puerta de entrada de porno indeseado son los mensajes privados y los grupos de mensajería instantánea. Los chicos y chicas que tienen cuentas abiertas en redes sociales suelen recibir mensajes de desconocidos con enlaces a vídeos porno y fotos de contenido sexual. Pero no siempre vienen de gente que no conocen, a veces son personas de su entorno e incluso de su círculo de amigos.

En otras ocasiones, les llegan a través de grupos donde se han metido voluntariamente y en los que hay personas que comparten este tipo de contenido.

Mandar contenido sexual a una persona que no lo haya pedido es un tipo de violencia sexual, porque no hay deseo ni consentimiento. Si, además, es un adulto quien lo manda a un menor de edad, es un delito de abuso sexual a menores.

Sin embargo, como ya hemos visto, muchos adolescentes han normalizado que eso les ocurra y ni siquiera se dan cuenta de que están sufriendo violencia sexual.

Si te ha pasado, lo más importante es que sepas que eso no debería haber ocurrido y que no es tu culpa. A continuación, cuéntaselo a tu familia o a una persona adulta de tu confianza para que puedan protegerte y ayudarte.

Tienes derecho a tener una vida libre de violencia sexual, también en internet.

Para protegerte de estos contenidos puedes hacer lo siguiente:

Haz caso de las edades mínimas recomendadas para cada red social y no te abras una cuenta antes de tiempo. Esas edades están pensadas teniendo en cuenta las situaciones de riesgo a las que te expone esa red: no son para fastidiarte, sino para protegerte.

Si tienes una cuenta en una red social, que no sea pública.

No abras nunca un mensaje de alguien a quien no conoces en persona. Antes de borrarlo y bloquear a ese usuario, enséñaselo a tu familia para que tomen las medidas adecuadas.

Si alguien te manda vídeos, fotos o escritos sexuales, enséñaselo a tu familia. Tú no tienes la culpa ni debes avergonzarte de ello; quien lo está haciendo mal es la otra persona.

Si en un grupo se manda este tipo de contenido, pide que paren de hacerlo o sal del grupo.

Si alguien te pide un *nude* o un vídeo sexual, no se lo mandes y cuéntaselo a tu familia.

Aprovecho para recordarte que, en el momento en el que compartes cualquier texto, foto o vídeo sexual, pierdes el control sobre ellos. Pueden acabar en manos de otras personas o subidos en sitios web a la vista de todo el mundo, o pueden ser usados para amenazarte o hacerte chantaje. Si alguien vulnera tu privacidad de esa forma, tienes que saber que está cometiendo un delito:

SÉ VALIENTE Y PIDE AYUDA.

Por otro lado, si te llega algún vídeo o foto sexual de otra persona, compórtate como te gustaría que los demás lo hicieran si fueras tú o tu hermana los que salís en las imágenes. Explícaselo a tu familia para que tome las medidas adecuadas y después bórralo. Nunca lo reenvíes.

Si no puedes hablar con tu familia sobre estos temas o si cuando lo haces no te ayuda, cuéntaselo a otra persona adulta de tu confianza, por ejemplo tu profe, monitora, abuela, tía..., pero, sobre todo, no te lo calles.

EN RESUMEN...

!!!
TIENES DERECHO A NO VER PORNO
PROTEGE TUS DISPOSITIVOS
APPS DE CONTROL PARENTAL
ALIADO
≠ ENEMIGO
SIRVEN PARA QUE PUEDAS USAR INTERNET DE FORMA SEGURA
PIDE A TU FAMILIA QUE LA INSTALEN
EN TODOS TUS DISPOSITIVOS
AVISA SI FALLA

REDES SOCIALES Y MENSAJERÍA

MANDAR CONTENIDO SEXUAL = VIOLENCIA SEXUAL SI

- UN ADULTO LO MANDA A UN MENOR
- NO LO HAS PEDIDO
  - PORQUE
    - ≠ DESEO
    - ≠ CONSENTIMIENTO

PROTÉGETE

- CUENTA PRIVADA
- NO ABRAS MENSAJES DE DESCONOCIDOS
- RESPETA LA EDAD MÍNIMA RECOMENDADA
- SI TE MANDAN CONTENIDO SEXUAL O TE PIDEN *NUDES*, CUÉNTASELO A TU FAMILIA
- SI LO MANDAN EN UN GRUPO, PIDE QUE PAREN O SAL DEL GRUPO

TIENES DERECHO A UNA VIDA LIBRE DE VIOLENCIA SEXUAL, TAMBIÉN EN INTERNET

HABLA

CON LOS TUYOS SOBRE PORNO.

Muchos peques y adolescentes están viviendo todas estas experiencias con el porno en absoluta soledad, sin hablar con nadie sobre las cosas que les pasan en internet.

Ha llegado el momento de hablar con tu familia y contarle todo lo que ya has vivido, tanto en internet como a través de los comentarios que hacen otros chicos y chicas.

¡Te ayudo a dar el paso!

¿POR QUÉ CUESTA TANTO HABLAR SOBRE SEXUALIDAD?

En tu cultura, y en muchas otras, la sexualidad ha sido un tema tabú durante cientos de años. Y aunque en el último medio siglo ya no lo sea tanto, aún se trata de un tema del que se habla poco en familia y que produce vergüenza.

La mayoría de madres y padres quieren dar una buena educación sexual a sus hijos e hijas, pero como a ellos nadie les contó nada, o muy poco, les falta un modelo a seguir y no saben cómo hacerlo. De modo que, a menudo, no encuentran un buen momento para hablar de ello, y cuando se atreven a hacerlo se ponen nerviosos, tienen miedo a equivocarse, les cuesta expresarse y, bueno, lo hacen lo mejor que pueden.

Por tu parte, desde peque has aprendido que la sexualidad es un tema especial del que la mayoría de las personas adultas no habla con los niños y niñas. Hablan mucho sobre las manos, las piernas, la cara, el pelo..., pero muy poco sobre el pene y la vulva. Hablan mucho sobre cómo se forman los ríos, los volcanes y las estrellas, pero muy poco de cómo se hacen los bebés. Inconscientemente, enseguida aprendiste que si tienes preguntas sobre sexualidad no debes hacérselas a tu familia.

OJALÁ EN TU CASA NO SEA ASÍ,
PERO EN LA MAYORÍA DE LAS FAMILIAS
DE TU CULTURA LA SEXUALIDAD SIGUE SIENDO
UN TEMA DIFÍCIL DE HABLAR.

¡ATRÉVETE Y DA EL PRIMER PASO!

Es una situación extraña, porque tanto las personas adultas de la familia como los peques y adolescentes tienen muchas ganas de sacarse de encima este tabú y conversar tranquilamente con sus seres queridos sobre un aspecto de la vida tan importante como es la sexualidad.

LA SITUACIÓN ES ASÍ DE ABSURDA:
TODO EL MUNDO QUIERE HABLAR, PERO NADIE SE ATREVE.

Así que te animo a dar el primer paso y empezar a hablar sobre algún tema de sexualidad que te resulte fácil, como, por ejemplo, los cambios en la pubertad, la regla o el enamoramiento. El truco para que la sexualidad deje de ser tabú y ya no provoque sudores fríos y frases entrecortadas es hablar de ella muy a menudo.

ED-SEX

Y AHORA SÍ: HABLA SOBRE PORNO

Cuando ya se haya roto el hielo y ya no cause tanto corte hablar de sexualidad, será un buen momento para hablar sobre porno, que para muchas personas es un tema más difícil.

Puedes empezar explicando lo que has aprendido leyendo este libro. Quizá te sirva enseñarles las ilustraciones mientras vas comentando lo que te ha llamado la atención. También podéis leerlo conjuntamente y parar de vez en cuando para compartir reflexiones.

Cuando creas que ha llegado el momento, te animo a que les expliques las cosas que te han pasado a ti y a tus amigos, compañeras de clase, primos y vecinas. Recuerda que no debes avergonzarte por tener curiosidad por la sexualidad, ni tienes la culpa de que los dispositivos que usas no estén protegidos, ni mucho menos de que otras personas te manden contenidos sexuales.

Y, sobre todo, a partir de ahora ya sabes que debes explicar a los tuyos todas las cosas desagradables que te ocurren en internet, sean del tema que sean. Si no lo cuentas, no te podrán ayudar y proteger.

SI ALGUIEN TE HA REGALADO ESTE LIBRO
ES PORQUE QUIERE HABLAR CONTIGO

SOBRE EL PORNO,

PERO QUIZÁ NO SABE
POR DÓNDE EMPEZAR.

¿LE ECHAS UN CABLE?

EN RESUMEN...

ROMPE EL TABÚ
TODO EL MUNDO QUIERE HABLAR, PERO NADIE SE ATREVE
HABLA CON LOS TUYOS SOBRE PORNO
DA EL PRIMER PASO
EMPIEZA CON TEMAS FÁCILES
HABLA DE SEXUALIDAD A MENUDO
bla
BLA
bla
bla
bla
BLA
BLA
BLA
BLA

SI CUENTAS LAS COSAS DESAGRADABLES
QUE TE OCURREN EN INTERNET,
TE PODRÁN AYUDAR Y PROTEGER

BUSCA BUENAS FUENTES DE EDUCACIÓN SEXUAL.

Espero que a estas alturas del libro ya tengas clarísimo que el porno es un pésimo educador sexual. Entonces, si descartas el porno, ¿dónde puedes resolver tus dudas?

Seguro que tienes muchas preguntas, y te advierto que, cuanto más sabes de un tema, más preguntas surgen. Pero no te preocupes, en este capítulo te explico cómo encontrar buenas fuentes de educación sexual.

¿Me acompañas?

¿CÓMO SE APRENDE A HACER EL AMOR?

La respuesta a esta pregunta es fácil:

YA SABES HACER EL AMOR.

Esto no te lo esperabas, ¿eh? Pues sí, tu cuerpo sabe hacerlo porque es una conducta instintiva, como comer o dormir. Para hacer el amor no necesitas leer ningún libro, ni ir a ningún taller, ni ver tutoriales, ni seguir ninguna cuenta, ni hacer un curso online, ni mucho menos mirar porno. Te saldrá solo.

Hacer el amor es fácil. Lo que no es tan fácil, lo que requiere de una buena educación sexual, es hacerlo sin concebir un bebé, sin coger infecciones de transmisión sexual, sin violencia y, no menos importante, con placer. Una buena educación sexual te permitirá

disfrutar plenamente de las relaciones sexuales.

CUENTA CON LAS PERSONAS DE TU ENTORNO

Tus fuentes más cercanas de educación sexual son tus amigos y amigas. Sin embargo, la mayoría ha recibido muy poca educación sexual, y lo que te expliquen puede estar muy alejado de la realidad o de una manera saludable de vivir la sexualidad. Es muy posible que su forma de entender el sexo se base en lo que han aprendido en internet o con las canciones y las series, y no de buenas fuentes de educación sexual.

De hecho, es habitual que a tu edad los chicos y chicas que más hablan de sexualidad sean los que han visto porno. Aunque también es cierto que los que han recibido una buena educación sexual suelen hacer una gran labor divulgativa.

Hablar de sexualidad con tus amigos y amigas es una manera muy divertida y amena de aprender, pero deberás estar alerta y descartar o contrastar las informaciones que sospeches que no son ciertas o que son una manera poco saludable de ver la sexualidad.

Pero ¿cómo saber qué es cierto y qué es mentira? La mejor manera de contrastar lo que oyes de tus colegas o lo que te encuentras en internet es preguntándolo sin rodeos a tu familia o a tus profes. Poco a poco, irás construyendo tu propio criterio y sabrás escoger en quién confiar.

La familia es una buenísima fuente de educación sexual, aunque, como ya te he contado, a algunas familias les cuesta un pelín abordar este tema. Es posible que haya algunas cosillas que no sepan, pero en ese caso podéis aprender juntos buscando la respuesta. Hablar de sexualidad con tu familia es genial porque no tienes miedo de hacer el ridículo, como a veces sí ocurre con tus colegas. Aprovecha que es un lugar seguro para abrirte y mostrarte tal cual eres.

Finalmente, los profes también son buenas fuentes de educación sexual, sobre todo aquellos que no tienen complejos a la hora de abordar este tema. Les pasa como a las familias: a veces no saben cómo hacerlo o no tienen todas las respuestas, pero coincidirás conmigo en que a los profes que te han aportado luz en este tema los recordarás toda la vida.

CÓMO ENCONTRAR BUENA INFO SOBRE EDUCACIÓN SEXUAL

Acabamos de ver que las personas que tienes cerca tienen un papel muy importante en tu educación sexual, pero como no lo saben todo o les puede costar hablar sobre este tema, es muy recomendable que también aprendas a través de otros canales, como son los libros o las páginas de internet adecuadas. Pero ¿cómo saber qué información es fiable entre tanto ruido?

A continuación, te doy algunos consejos para que puedas encontrar buenas fuentes de educación sexual:

1. Busca contenidos creados por profesionales especializados en sexualidad, del ámbito de la salud y la educación. No te fíes de personas famosas y creadores de contenido sin titulación ni experiencia profesional en este ámbito.

2. El número de visualizaciones, likes o seguidores no determina que sea un buen o mal contenido de educación sexual.

3. Busca webs o cuentas de colectivos, asociaciones, centros de salud e instituciones públicas especializadas en sexualidad, y mucho mejor si van dirigidas a jóvenes.

4. ¡No te olvides de los libros! Te permiten leer con más calma y reflexionar con más serenidad, además de releerlo varias veces, mirarlo y comentarlo con otras personas y, si es tuyo, marcar las frases que más te gustan o escribir comentarios en el margen.

EL SEMEN
MOLA
BLA
BLA

EN RESUMEN...

BUSCA BUENAS FUENTES DE EDUCACIÓN SEXUAL
YA SABES HACER EL AMOR
= UNA CONDUCTA INSTINTIVA
EDUCACIÓN SEXUAL
PLACER
NO VIOLENCIA
GESTIÓN DE LA FERTILIDAD
PREVENCIÓN ITS
PROFES
WEBS, CUENTAS Y LIBROS
BUSCA CONTENIDO
PARA JÓVENES
CREADO POR ESPECIALISTAS EN SEXUALIDAD
NO TE GUÍES POR EL NÚMERO DE VISUALIZACIONES Y DE LIKES

PARA TENER UNA SEXUALIDAD SANA, PLACENTERA Y SEGURA ES IMPRESCINDIBLE UNA BUENA EDUCACIÓN SEXUAL

Ha llegado el momento de despedirnos. A mí me toca volver al futuro y a ti seguir con tu vida, pero siempre que quieras podrás encontrarme en este libro. Te recomiendo que lo releas muchas veces a medida que vayas creciendo y vayas viviendo aventuras. Ya verás como cada vez descubrirás cosas nuevas.

Espero que todo lo que hemos aprendido juntos te ayude a tomar tus propias decisiones. Y deseo que a partir de ahora te sea más fácil hablar del porno y la sexualidad en general con tu familia y tus amigos y amigas.

UN FUERTE ABRAZO Y ¡HASTA SIEMPRE!

ED-SEX

¿Tienes dudas?
¿Te has quedado con ganas de saber más?

¿Qué es la menstruación? ¿Cómo te transforma el ciclo menstrual? ¿La regla duele? ¿Qué opciones tienes para no mancharte? ¿La primera regla llega de repente?

Todo lo que siempre has querido saber sobre la menstruación (y nunca te has atrevido a preguntar) explicado de forma directa y divertida para vivir estos cambios con confianza y bienestar. Porque tener la regla mola, pero hay que saber cómo funciona.

Continúa con los demás libros de la colección Menstruita: educación sexual como nunca antes te la han contado.

¿Qué es el semen? ¿Qué cambios anuncian la primera eyaculación? ¿Por qué se producen las erecciones? ¿Cómo se cuida el prepucio? ¿Qué significa ser padre?

Los chicos son los grandes olvidados de la educación sexual. Este libro da respuesta a este vacío y propone una mirada positiva y respetuosa sobre la sexualidad, la primera eyaculación y el semen.

Tu cuerpo es algo que te acompaña toda la vida y, aunque suene extraño, a veces nos olvidamos de él. Seguro que hay partes que conoces bien y otras que tal vez no has mirado mucho, como la vulva. Con el tiempo, tu cuerpo vivirá muchos cambios y es importante que los conozcas para crecer con confianza y bienestar.

Un libro imprescindible para establecer una relación sana con el propio cuerpo, para prevenir problemas y para saber todo lo necesario sobre el despertar de la sexualidad.

¡El primer cuaderno sobre educación sexual! Una divertidísima forma de aprender sobre el cuerpo, la pubertad y la sexualidad, con actividades interactivas como pasatiempos, preguntas tipo test, actividades en familia, retos matemáticos y lecturas divertidas.

PARA LOS MÁS PEQUES

Los niños y las niñas tienen muchas preguntas sobre la vulva y el pene: ¿Qué aspecto tienen? ¿Son todos iguales? ¿Los animales también tienen? ¿Las vacas? ¿Los mosquitos? ¿Las gallinas? ¿Para qué sirven? ¿Cómo se cuidan?

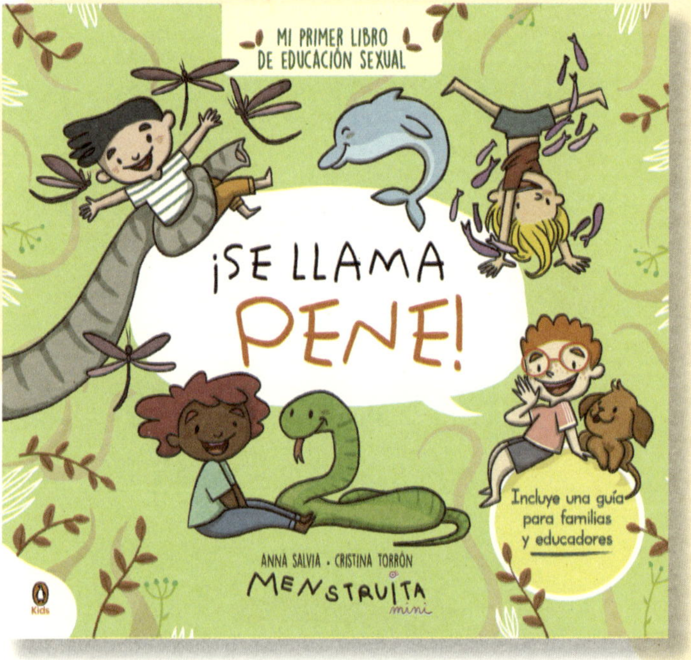

Dos álbumes imprescindibles con los que los peques encontrarán respuesta a sus preguntas y conocerán su propio cuerpo. ¡Incluyen guía didáctica para familias y educadores!

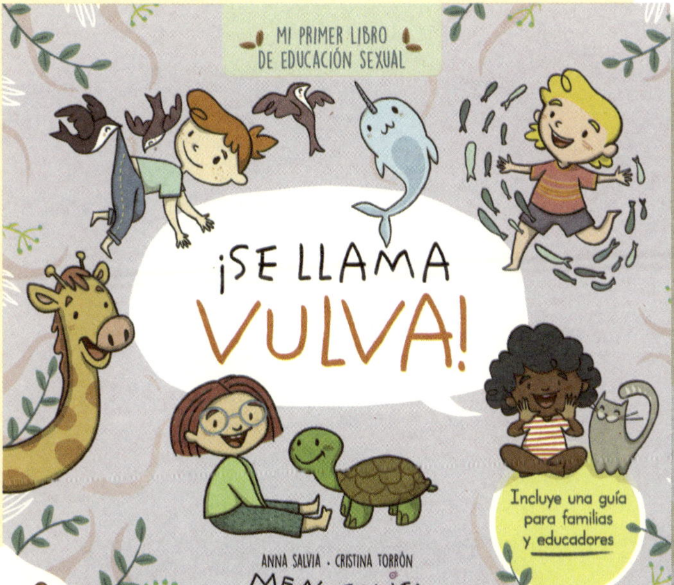

Este libro se terminó de imprimir
en enero de 2024